전자상거래

Electronic Commerce

이 민 화 지음

부산외국어대학교 출판부

전자상거래(Electronic Commerce)

2012년 8월 24일 1판 1쇄 발행
2013년 8월 30일 1판 2쇄 발행

저　자/ 이 민 화
발행인/ 정 해 린
발행처/ 부산외국어대학교 출판부
등　록/ 제 331-3310000251001988000001
주　소/ 608-738 부산광역시 남구 석포로 15
전　화/ 051) 640-3439, 3440　팩스/ 051) 640-3580
인터넷/ http://press.bufs.ac.kr

편　집/ 주간 · 심재륜, 디자인 · 황은석
인쇄처/ 세종문화사 (051) 463-5898
공급처/ 한국출판협동조합 (02) 716-5616~9

ISBN 978-89-8312-368-8　93320
정가 11,000 원

머리말

본서는 전자상거래에 대한 소개서로서 대학 2학년 혹은 3학년 수준에 맞도록 집필하였다. 전자상거래에 대한 기본적 개념을 소개하고 기술적 이슈 보다는 관리적 이슈에 초점을 두었다. 전자상거래 시스템의 개발 보다 전자상거래 모델과 국내외 사례를 경영 관점에서 설명하였다. 따라서 경영정보나 e-비즈니스학과의 기초적인 전공서적으로서 뿐만 아니라 사회과학적 관점에서 전자상거래를 처음 공부하는 학생들에게 적합하다고 본다.

본서는 총 10개장으로 구성되어 있다. 1장과 2장은 전자상거래의 개요와 전자상거래 기술 인프라에 대한 소개를 하였다. 3장은 전자상거래에 있어서의 비즈니스모델 개념과 요소 중심으로 설명하였다. 4장과 5장은 가장 흔히 접할 수 있는 기업과 소비자 간의 전자상거래를 소개하였고 기업과 기업 간의 전자상거래로서 B2B 이마켓플레이스 중심으로 다루었다. 6장은 최근에 확산된 소셜 네트워크 서비스를 사례 중심으로 설명하고 여러 가지 유형의 경매를 소개하였다. 7장은 스마트폰과 함께 현대인의 생활 중심에 자리 잡고 있는 모바일 상거래를 최근 사례 중심으로 다루었다. 8장은 인터넷 마케팅으로서 소비자 행동, 고객획득과 유지, 고객만족과 로열티, 인터넷 광고 등의 이슈를 설명하였다. 9장은 전자상거래에 있어서 보안과 전자결제 시스템에 대한 소개이며 10장은 전자상거래 전략과 관련된 토픽을 다루었다.

본서를 이해하는데 컴퓨터 공학의 배경은 필요하지 않으며 법과 관련된 내용은 본서의 범위가 아니다. 경영학을 잘 모르는 학생들도 쉽게 접할 수 있는 책이 되도록 노력하였다. 본서에서 부족한 부분들은 앞으로 보충하도록 할 것이며 독자들이 전자상거래를 처음 이해하는데 도움이 되기를 기대한다.

2012년 5월

저자 씀

목 차

제1장 전자상거래 개요

본 장에서는 먼저 전자상거래의 개념, 유형, 특징을 살펴보았다. 전자상거래와 거래비용이나 네트워크 효과와 같은 경제적 요인들과의 관련성을 설명하였고 중간상인의 역할에 대해 소개하였다.

1.1 전자상거래의 개념

전자상거래는 인터넷을 포함하는 통신망을 통해서 상품, 서비스 혹은 정보를 사거나 판매하는 거래를 하는 것이다. 좁은 의미에서 전자상거래는 웹(Web, World Wide Web)이라 불리는 인터넷 상에서 쇼핑을 하는 것을 말한다. 그러나 전자상거래는 다른 활동도 포함한다. 예컨대, 다른 기업과 거래하는 것, 구매, 판매, 고용 등을 지원하기 위해 회사가 이용하는 내부 프로세스를 포함한다. 이렇게 넓은 의미로 이용될 때 e-비즈니스라는 용어를 사용하기도 한다.

e-비즈니스란 인터넷 기술을 이용하여 주요 비즈니스 프로세스를 수행하는 것을 포함한다. 본서에서는 전자상거래를 넓은 의미로 보아 인터넷 기술을 이용하는 모든 비즈니스 활동을 포함하는 것으로 본다. 인터넷 기술에는 인터넷, 웹, 그리고 휴대폰이나 PDA를 이용하는 무선 통신기술도 포함된다.

1.2 전자상거래 유형

여러 가지의 유형의 전자상거래가 있다. 상거래나 비즈니스 프로세스에 참여하는 주체의 유형에 따라 전자상거래를 분류할 수 있다. 누가 누구에게 판매하는가에 따라서 분류한다면 기업과 소비자 간의 전자상거래, 기업과 기업 간의 전자상거래, 기업과 정부간의 전자상거래 그리고 소비자 간의 전자상거래가 있다.

(1) B2C(Business to Consumer) 전자상거래

고객이 웹에서 쇼핑하는 전자상거래를 가리키며 전자상거래라고 하면 흔히 이러한 유형을 의미하는 경우가 많다. 도서, 전자제품 등을 판매하는 전자소매업(e.g., cjmall.com)이나 사람들에게 정보나 지식을 제공하는 네이버(naver.com) 같은 포털사이트는 B2C라고 볼 수 있다.

(2) B2B(Business to Business) 전자상거래

웹상에서 기업들 간에 전자적으로 거래를 수행하는 것을 가리킨다. 거래 수와 규모 면에서는 B2B 전자상거래가 B2C보다 크다. 기업이 다른 도매 기업들에게 제품을 판매하는 거래(e.g., cisco.com)도 있고 자재나 부품을 공급자로부터 전자적으로 조달하는 거래(e.g., 자동차 회사의 전자적 부품조달)도 있다. B2B 전자상거래 시스템은 기업 간의 거래처리를 자동화 해줄 뿐만 아니라 기업 간 거래에 필요한 정보도 공유하도록 해준다. 예컨대, 컴퓨터 제조업자인 Dell의 공급자들은 Dell의 현재 제품 매출액과 판매 예측정보를 조회하기 위해서 Dell과의 인터넷 연결을 이용한다. 공급자들은 이 정보를 적시에 적절한 부품 수량을 Dell에 공급하기 위해서 이용할 수 있다.

(3) B2G(business-to-government) 전자상거래

B2G는 기업과 정부간의 전자상거래를 가리킨다. 예를 들면, 기업이 정부 기관의

웹사이트를 통해 세금을 납부하거나 요구하는 보고서를 제출할 수 있다. 또한 국방부와 같은 정부기관은 많은 물품을 기업으로부터 전자적으로 조달할 수 있다. 정부를 기업과 같은 조직으로 생각하면 B2G는 B2B와 유사한 점이 있다.

(4) C2C(Consumer to Consumer) 전자상거래

소비자 간의 전자상거래는 소비자가 다른 소비자에게 전자적으로 판매하는 것을 가리킨다. 소비자 간의 거래를 도와주기 위한 시장조성자(market maker)가 있다. 옥션(auction.co.kr)과 같이 경매 시설을 갖춘 회사(시장조성자)가 소비자가 다른 소비자에게 판매하는 것을 도와주고 수수료를 받는다. 예컨대, 중고 런닝머신을 판매하기 위해 물품에 대한 사진과 내용을 옥션 사이트에 올려놓고 경매로 판매할 수 있다.

전자상거래는 기업의 비즈니스 프로세스를 전자적으로 수행하도록 해준다. 비즈니스 프로세스(business process)란 기업이 수행하는 논리적으로 관련된 순차적인 활동의 그룹이다. 주문처리라는 비즈니스 프로세스는 고객의 주문입력, 재고확인, 출고, 배송, 송장발송, 대금회수 등의 활동을 포함한다. 주문처리라는 프로세스는 고객의 주문이라는 입력(input)이 발생하여 그 처리가 시작되고 상품을 고객에게 인도하는 출력(output)으로 마감된다. 상품을 소비자에게 선적하는 하나의 비즈니스 프로세스는 상품의 검사, 포장, 운송회사와의 협상, 선적서류의 생성 등의 활동을 포함한다. 전자상거래는 기업 내부의 업무프로세스를 자동화하는 역할도 한다. 기업간 혹은 소비자와의 전자상거래는 회계와 같은 내부 업무 프로세스와 연동되어 있기 때문이다.

1.3 전자상거래의 특징

전자상거래 기술이 기업의 운영과 관련하여 가지는 특징을 아래에 설명하였다.

전자상거래가 전통적인 상거래와 비교할 때 어떤 차이가 있는지 알아보기로 한다 (Laudon & Traver, 2010).

(1) 편재성(ubiquity)

전통적 상거래에서 시장은 거래를 위해 방문하는 물리적 장소이다. 소비자는 걸어서 혹은 교통수단을 이용해서 백화점이나 슈퍼마켓 혹은 재래시장을 방문하여 원하는 상품을 찾고 구매한다. 인터넷을 통한 전자상거래를 할 경우 어디에서든지 언제든지 원하는 전자상거래 사이트에 접속하여 상품 정보를 얻고 거래를 할 수 있다. 집에서나 사무실에서 혹은 이동 중인 자동차 안에서도 인터넷에 접속할 수 있으므로 전자상거래가 가능하다. 이런 식으로 편재성을 가진 시장을 시장공간(marketspace)이라고 한다. 편재성이란 소비자들이 언제 어디서나 시장에 접근가능하다는 의미를 가진다. 전통적 시장에 비해 보다 쉽게 시장에 참여할 수 있으므로 거래비용이 더 작다고 할 수 있다. 거래비용은 시장에 참여하여 거래하는데 소요되는 비용으로서 거래 당사자를 찾고 계약을 체결하고 관리하는데 필요한 비용을 말한다.

(2) 글로벌 상거래

전자상거래는 거래 당사자가 서로 다른 국가에 위치하더라도 가능하다. 전자장거래를 하는 기업은 전 세계 고객을 대상으로 비즈니스를 할 수 있다. 반면에 전통적 상거래는 보통 하나의 지역이나 국가 내에서 수행되는 경우가 많다. 신문, 방송, 우편 등의 매체가 하나의 국가나 특정 지역 내에서 활용되는 것이 보통이다. 그러나 인터넷은 전 세계에 설치된 통신망의 네트워크로서 지리적인 경계를 넘어서서 이용되고 있다. 따라서 전자상거래는 글로벌 비즈니스에 활용될 수 있다.

(3) 정보의 풍부성

정보의 풍부성(information richness)이란 메시지의 복잡성과 내용을 가리킨다. 전화로 이야기 하는 것 보다 직접 상대를 만나서 이야기 하면 음성 외에도 표정이나 몸짓 등으로 더 풍부한 정보를 전달할 수 있다. 전통적 시장에서 상인은 고객과의 대면 접촉으로 보다 정보를 풍부하게 전달할 수 있다. 그러나 대면 접촉으로는 보다 많은 사람을 상대하기가 어렵다. 전자상거래에서는 텍스트, 오디오, 비디오 등으로 정보의 풍부성을 유지하면서도 더 많은 고객들에게 상품을 알리고 판매할 수 있다. 더 많은 잠재 고객을 대상으로 판매할 수 있다는 것은 고객 도달(reach)이 더 넓다는 것을 의미한다.

(4) 상호작용성

전자상거래를 할 수 있는 웹사이트에서는 고객이 자신에 관한 정보를 입력할 수 있고 상품에 관한 정보를 요청할 수 있고 게시판에 자신의 구매경험을 입력할 수 있다. 전자상거래를 운영하는 기업이 일방적으로 고객에게 정보를 제공하는 것이 아니라 고객도 여러 가지 정보를 그 기업에게 제공하고 질의를 할 수 있다는 점에서 상호작용성이 있다고 할 수 있다.

(5) 정보의 이용가능성

전자상거래를 하는 웹 환경에서는 시장 참여자들로서의 기업과 소비자 모두에게 이용가능한 정보가 많아진다. 전자상거래 기술을 이용하게 되면 정보 수집, 저장, 처리, 전달비용을 감소시킨다. 보다 유용한 정보를 적시에 이용할 수 있다. 예를 들면, 주식투자를 하는 사람에게 있어서 투자 대상 기업에 대한 재무정보와 뉴스가 필요하며 증권회사의 투자의견을 참조할 필요가 있다. 그러한 기업 분석에 관한 정보와 주가 그래프를 홈트레이딩 시스템(HTS, home trading system)을 통해서 혹은 증권회사나 투자에 관한 정보를 제공하는 웹사이트에서 누구나 쉽게 얻을 수 있다. 만약 LCD TV를 구입하려고 한다면 어느 회사에 무슨 모델을 얼마나 판매하는지 쉽게 정보를 얻어서 비교할 수 있다. 전자상거래 기업도 소비자에 관한 정보를 쉽게 얻을 수 있다. 한 가지 방안은 웹사이트에서 회원 가입을 할 때 얻는 고객 개인에 관한 주소, 이메일, 관심 분야 등에 관한 정보를 얻는 것이다. 이와 같이 전자상거래 환경에서는 필요한 정보를 쉽게 이용할 수 있다.

1.4 전자상거래의 역사

인터넷 출현 이전의 초기 전자상거래의 한 형태는 전자자금이체이다. 전자자금이체(Electronic Funds Transfer, EFT)는 자금을 하나의 조직에서 다른 조직으로 전자적으로 이체할 수 있도록 해주는 시스템이다. 주로 대기업이나 은행과 같은 금융기관이 EFT를 이용하였다.

EFT 다음에 전자문서교환이 출현하였다. 전자문서교환(Electronic Data Interchange, EDI)은 한 기업이 컴퓨터가 인식할 수 있는 문서를 다른 기업에 전자적으로 전송하는 시스템이다. EDI가 이용됨으로써 조직 간에 재무적 거래뿐만 아니라 주문처리와 같은 다른 유형의 거래에도 전자적 전송이 응용된 것이다. 기업 간에 전달되는 문서로는 송장, 구매주문서 등이 있다. 이러한 문서는 거래할 때마다 표준화된 양식으로 교환된다. 양 기업의 컴퓨터가 이해할 수 있는 전자문서를 전달할 경우 종이문서를 전달하는 것보다 오류를 줄이고 프린트하고 우송하는 비용을 절감하고 데이터를 재입력하는 수고도 없어진다. 부품을 구매하는 회사는 그들의 납품업체들과 EDI를 이용하여 구매프로세스를 개선할 수 있다.

EDI를 도입하는 기업들은 도입하는데 따르는 비용을 부담하여야 한다. 인터넷을 이용하기 전에는 부가가치통신망(value-added network, VAN)을 통해 거래 당사자들의 컴퓨터가 연결되었다. VAN 이용요금을 서비스를 제공하는 통신업체에 지불한다. 중소기업들은 EDI를 구현하는데 소요되는 자금이 부담스러웠으나 인터넷 기반의 EDI가 등장하면서 비용이 큰 문제가 되지는 않게 되었다. EDI와 같이 기업 간의 거래에 이용되는 정보시스템을 조직간 시스템이라 한다.

과거에 전화나 팩스처럼 인터넷의 출현은 기업의 활동을 수행하는 방식을 변경시켰다. 기업의 구매, 판매, 고용, 자금관리 등 여러 분야의 활동을 보다 편리하게 수행할 수 있게 되었다. 1990년대 중반 홈페이지를 통해 기업을 홍보할 뿐만 아니라 인터넷을 통해 기업이 직접 소비자에게 판매하는 방식이 이용되었다. 기업은 기업포털을 구축하여 조직 내부 구성원, 협력기업 등이 정보를 이용하도록 하고 있다. 또한 원재료나 부품 공급자나 유통업자들과 전자적으로 거래하는 B2B 전자상거래 시스템을 구축하여 이용하고 있다.

1990년대 후반 인터넷 비즈니스를 하는 많은 닷컴기업들이 탄생하였으나 일부 기업들은 실패하였다. 2000년 이후에도 인터넷 비즈니스에 대한 투자가 계속되었으며 온라인 판매는 매년 증가하였다. 최종 소비자들에 대한 온라인 판매가 증가하는 것은 인터넷 접속을 하는 사람들의 수가 증가하는데 기인한다고 볼 수 있다. B2B 전자상거래도 인터넷을 이용하는 기업들이 증가하고 EDI를 도입하는 기업들이 늘어남에 따라 성장하였다.

1.5 전자상거래의 이점과 한계점

전통적인 상거래에 비하여 전자상거래는 기업이나 소비자 모두의 입장에서 여러 가지 이점을 가진다. 기업 입장에서 전자상거래를 하여 얻을 수 있는 이점은 아래와 같다.

- ○ 매출을 늘리고 비용을 절감할 수 있다. 전자상거래를 하기 위해 인터넷에 광고를 올리면 전 세계에 흩어져 있는 고객들을 대상으로 거래를 할 수 있다.
- ○ 인터넷 상에 조성된 가상 커뮤니티(virtual community)는 공통의 관심사를 가진 사람들의 모임이다. 가상 커뮤니티에 그들이 관심을 가지는 제품을 광고하

면 좋은 판매 기회가 된다.

○ 원자재, 부품 혹은 사무용품을 저렴하게 구매하려는 기업은 인터넷에서 거래처를 쉽게 찾을 수 있고 그들의 판매가격과 조건을 비교할 수 있다.

소비자 입장에서도 전자상거래는 여러 가지 이점이 있다.

○ 인터넷에서 다수의 쇼핑몰을 찾을 수 있고 그들의 제품에 관한 정보를 얻고 비교할 수 있으며 온라인 주문을 할 수 있기 때문에 시간과 비용이 절약될 수 있다.

○ 언제 어디서나 원하는 상품을 주문할 수 있다. 주말이나 밤에도 필요한 상품을 찾고 주문할 수 있다. 물리적 상점을 방문하기 위해 복잡한 도심지로 갈 필요도 없다.

○ 디지털 상품의 경우 인터넷을 통해 다운로드 받을 수 있기 때문에 상품을 인도받는데 시간이 많이 걸리지 않는다. 디지털 상품이란 음악이나 소프트웨어 등으로 컴퓨터 파일 형태로 저장되고 전송될 수 형태의 것이다.

물리적 공간에서 이루어지는 전통적 상거래에 비하여 전자상거래가 가지는 문제점이나 한계점도 있다.

○ 상품의 종류에 따라서 전자상거래에 적합하지 않는 것도 있다. 보석과 같이 매우 고가이고 감정이 필요한 경우나 쉽게 썩거나 부식해버리는 음식의 경우 문제가 된다. 몸에 꼭 맞는 옷을 맞추어야할 경우 물리적 상점을 방문하는 것이 더 편리할 수 있다. 그러나 책이나 전자제품 등 비교적 표준화된 제품은 전자상거래에 의해 구매하여도 문제가 되지 않는다.

○ 전자상거래를 위해 투자를 하자마자 많은 고객이 찾아오고 매출이 충분히 올라온다면 문제가 되지 않는다. 그러나 창업 후에는 광고를 해서 비즈니스 자체

를 알려야 하고 손익분기점을 넘어설 만큼 충분한 고객(critical mass)을 확보해야 생존할 수 있다. 매출이 부족하면 운영비용을 부담할 현금이 유입되지 않으므로 부도 위험이 생긴다. 따라서 전자상거래 시스템을 구축하거나 인터넷 비즈니스를 시작한다면 언제 어느 정도의 수익이 발생할 것인지 가능한 정확히 예측할 필요가 있다.

○ 인터넷을 통해 비즈니스를 할 경우 한 가지 어려움은 전통적 상거래를 하면서 구축한 기존의 데이터베이스와 소프트웨어를 전자상거래를 위한 시스템과 통합하는 것이다. 이러한 시스템 연동 혹은 통합을 위해 많은 비용이 발생할 수도 있다.

○ 전자상거래를 성공적으로 하려면 거래에 대한 보안이 충분히 지켜져야 한다. 고객과의 거래정보가 해킹당하거나 신용카드번호를 포함하는 지불정보가 안전하게 전송되지 않는다면 고객은 전자상거래를 회피할 것이다. 이러한 보안 이슈에 대한 충분한 대책이 필요하다.

1.6 경제적 요인과 전자상거래

전자상거래의 출현으로 기업의 운영과 경제에 많은 영향을 주었다. 아래에서는 전자상거래와 관련된 경제적 요인에 대해 설명한다(Schneider, 2007).

1.6.1 전자상거래와 거래비용

시장이란 상품에 대한 잠재적 판매자가 잠재적 구매자와 만나는 장소이다. 시장에서는 교환이 일어나는데 교환의 매체는 화폐를 이용하는 것이 보통이나 물물교환이 될 수도 있다. 시장은 희귀한 자원을 분배하는 효과적인 메카니즘이다. 그래서 많은 거래가 시장을 통해서 일어난다. 그러나 기업은 시장에 참여하여 필요한 상품을 외부에서 구매하지 않고 내부에서 생산하기도 한다. 기업이 내부 생산을 위해서 계층적 구조를 갖춘다. 계층적이란 최고경영층에 해당하는 사장이나 이사가 있고 그 아래 부장 팀장 그리고 하위급 사원들이 있어서 이들 계층간에 지시하고 보고하는 관계를 가지는 것을 말한다.

기업이 시장에 참여하지 않고 제품이나 부품을 조직 내부에서 조달하는 하나의 이유는 외부 조달에 따른 거래비용이 발생하기 때문이다. 거래비용(transaction cost)이란 구매자와 판매자가 정보를 얻고 시장에서 거래를 하는데 부담해야 하는 비용을 말한다. 거래비용에는 중개수수료, 정보탐색과 획득비용 그리고 거래를 위해 지불해야 하는 여러 가지 투자비용도 포함된다.

거래비용이 높으면 사람들은 시장 거래를 대체할 조직을 형성할 것이다. 이 조직은 계층을 가지고 하위자에 대한 감독과 통제를 필요로 한다. 만약 양말 도매상이 양말 공장과 거래하는데 거래비용이 너무 높다면 양말 공장을 자체적으로 건설하든지 다른 사람이 소유하고 있는 양말 공장을 인수할 것이다. 이러한 공급자를 인수하는 것은 수직적 통합(vertical integration)이라 한다. 조직 내 양말 공장을 관리할 계층적 구조를 만들고 공장 운영을 관리하고 감독할 것이다. 이러한 계층을 만들고 감독하는데 소요되는 감독비용이 거래비용 보다 더 낮아야 내부 생산에 대한 타당성이 있다.

수직적 통합으로 기업 규모가 커지면 기업의 운영을 관리하기가 어려워진다. 그래서 하나의 거대 기업을 여러 개의 사업단위 혹은 전략적 사업단위(strategic business unit)로 분할한다. 하나의 사업단위는 규모적으로 작기 때문에 관리하기 쉬워진다. 이 사업단위들은 하나의 기업에 속하지만 마치 독립된 기업들처럼 서로 거래할 수 있다. 이러한 분권화된 접근법은 조직 내에 존재하는 시장 메카니즘이라 할 수 있다.

만약 낮은 거래비용으로 외부조달이 가능하다면 수직적 통합으로 인한 대규모화의 필요성은 적어진다. 따라서 감독비용도 적게 소요된다. 거래비용을 줄이기 위해 전자상거래를 할 수 있다. 전자상거래는 정보의 흐름을 촉진시키고 조정을 용이하게 하기 때문에 기업간 거래에 있어서 거래비용을 낮추어 준다. 거래 당사자를 찾고 계약을 체결하고 관리하는데 소요되는 비용이 낮아진다.

1.6.2 전자상거래와 네트워크 경제 구조

현대 기업은 외부 시장으로부터 필요한 물품을 조달하거나 조직 내부에서의 생산과 이를 감독하기 위한 계층구조를 갖춤에 의해서만 운영되는 것이 아니라 네트워크 경제구조(network economic structure)를 택하기도 한다. 네트워크 경제구조란 기업이 다른 기업들과 공동의 목표를 가지고 장기적이고 안정적 관계를 형성하여 경영전략을 수립하고 실행하는 것이다. 이러한 관계는 전략적 제휴(strategic alliance) 혹은 전략적 파트너십(strategic partnership)이라고 불려진다. 인터넷을 통해 이러한 관계가 성립될 때 가상기업(virtual company)이라고 한다. 어떤 경우에는 전략적 파트너들이 팀을 이루어 특정 프로젝트를 수행하거나 활동을 수행한다. 프로젝트가 종료되면 팀은 해체된다. 팀을 이루는 회사의 대표들이 지속적으로 활동하는 경우도 있다.

전자상거래는 파트너 기업들 사이에 정보를 교환하고 공유하는 것을 도와준다. 예컨대, 제조업자, 도매상, 소매상, 시장조사회사들이 서로 정보를 교환하고 거래하는 파트너가 될 수 있다. 인터넷과 같은 통신망이 그들 사이의 상호작용을 촉진시켜줄 수 있다.

1.6.3 전자상거래와 네트워크 효과

보통의 상품의 경우 한계효용 체감의 법칙(law of diminishing returns)이 적용된다. 한계효용 체감의 법칙이라 특정 재화를 더 많이 소비할수록 얻을 수 있는 추가적인 효용은 감소한다는 것이다. 우리가 매일 주식으로 먹는 밥도 한 끼에 한 그릇이면 충분하다. 많이 먹는다 해도 보통 두 그릇 정도일 것이다. 그러면 세 번째, 네 번째 밥그릇은 가치가 많이 감소한다. 그러나 정보통신 네트워크 이용에 있어서는 이 법칙이 적용되지 않는다. 네트워크에 참여하는 이용자가 많을수록 각 이용자에 대한 네트워크의 가치는 증가한다. 이것을 네트워크 효과(network effect)라 한다. 인터넷을 이용하면 이메일 계좌를 가진 이용자는 보다 많은 e-메일 사용자와 메시지를 보내고 받을 수 있다. 하나의 직장 내에서만 이용하는 것 보다 전 세계적으로 이용할 때 이메일(e-mail)의 가치는 더 크다고 하겠다. 이러한 것을 네트워크 효과라 한다.

전자상거래도 네트워크를 이용하므로 네트워크 효과를 가진다고 할 수 있다. 보다 많은 개인이나 조직이 전자상거래를 하면 참여자가 누릴 수 있는 편익은 그 만큼 더 많아진다. 예컨대, 인터넷 쇼핑몰에서 상품을 구매하려는 구매자들이 많아서 그들이 서로의 상품과 구매경험에 관한 정보를 게시판을 통해 교환하게 되면 시장 참여자들 모두가 이득을 얻게 된다.

1.7 중간상인

이마켓플레이스(e-marketplace)는 전자상거래가 수행되는 전자적 시장을 말한다. 전자적 시장에는 제조업자와 최종소비자 사이에 중간상인이 존재할 수 있다. 기업간 거래에서도 유통을 담당하는 중간상인이 존재할 수 있다.

1.7.1 전자상거래에서 중간상인

중간상인은 구매자와 판매자에게 부가 가치적 활동을 수행한다. 물리적 세계의 중간상인으로서는 도매상과 소매상이 있다. 사이버 공간에서는 정보의 흐름을 통제하는 중간상인이 있다. 이러한 전자적 중간상인을 인포미디어리(infomediary)혹은 정보중개상이라 한다(e.g., amazon.com, priceline.com). 인포미디어리라는 용어는 정보(information)와 중간상인(intermediary)의 합성어이다.

전자상거래를 원하는 수많은 고객과 다수의 판매자가 공동의 욕구를 만족시키기 위해 서로가 많은 정보를 필요로 한다. 인포미디어리는 전자상거래 기업으로서 판매자와 구매자를 하나의 가상 시장에서 만나고 거래를 수행하도록 도와준다.

온라인 중개상은 구매자와 판매자 사이의 거래를 촉진시키고 거래액수에 대한 일정액을 수수료로 받는다. 이러한 회사들이 B2C 전자상거래를 수행하는 회사 중에서 많은 비중을 차지한다. 온라인 중개상에는 두 가지 유형이 있는데 브로커와 인포미디어리이다(Turban et al., 2011).

(1) 브로커

브로커(broker)는 판매자와 구매자 사이에서 거래를 용이하게 해주는 회사이다. 아래와 같이 여러 가지 종류의 브로커가 있다.

- 판매와 구매의 처리: 고객이 판매와 구매 주문을 하도록 도와주는 회사로서 사이버 증권회사가 있다(e.g., 키움증권). 증권회사는 고객의 주식 매수와 매도 주문을 받아 처리해주는 브로커이다.
- 가상 몰(virtual mall): 고객이 다양한 상점에서 구매할 수 있도록 도와주는 회사이다. 인터넷 상점을 개설하기를 원하면 가상 몰에 입점하여 상품을 판매할 수 있다. 그림 1-1과 같이 야후 스토어에서 인터넷 소매점을 운영할 수 있다(e.g., store.yahoo.com/creatstor).
- 비교 에이전트(comparison agent): 고객이 서로 다른 상점을 비교하도록 도와주는 회사를 말한다(e.g., enuri.com, bizrate.com).

그림 1-1 야후 스토어(http://smallbusiness.yahoo.com/ecommerce/)

(2) 인포미디어리

인포미디어리(infomediary)는 대량의 데이터를 수집하고 조직화 하여 그 정보를 원하는 사람과 정보를 공급하는 사람들 사이에서 중간상인의 역할을 한다. 어떤 인포미디어리는 고객이 구매결정을 내리기 전에 특정제품과 회사에 관한 정보를 수집할 수 있는 장소를 제공한다. 이러한 인포미디어리는 특정 제품이나 특정 판매자를 유리하게 하는 입장에 있기 보다는 중립적인 제3자적인 역할을 한다(e.g., autobytel.com(그림 1-2), bizrate.com). 또 다른 종류의 인포미디어리는 판매업자에게 제품을 개발하고 판매하는데 도움이 되는 고객정보를 제공한다. 또한 구매자로부터 개인 정보를 수집하여 기업에게 판매하기도 한다.

인포미디어리는 정보 비즈니스를 하며 판매자나 구매자에게 도움이 되는 정보를 제공한다. 인포미디어리는 직접 제품을 소유할 필요가 없다. 제품은 직접 공급자가 고객에게 배송한다. 그들의 수익은 보통 판매자측으로부터 나온다. 판매자로부터 광고료를 받거나 거래 금액의 일부를 수수료로 받거나 회비를 징수하기도 한다(그림 1-3). 구매자로부터 수익을 창출하는 것은 흔하지 않다. 간혹 구매자에게 필요한 정보를 제공하거나 서비스를 하고 수입을 얻기도 한다.

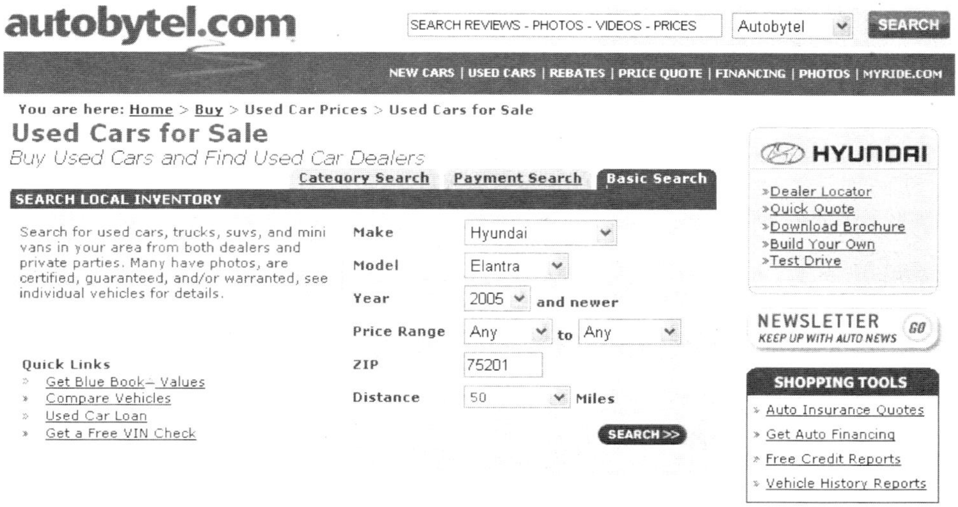

그림 1-2 인포미디어리: autobytel.com

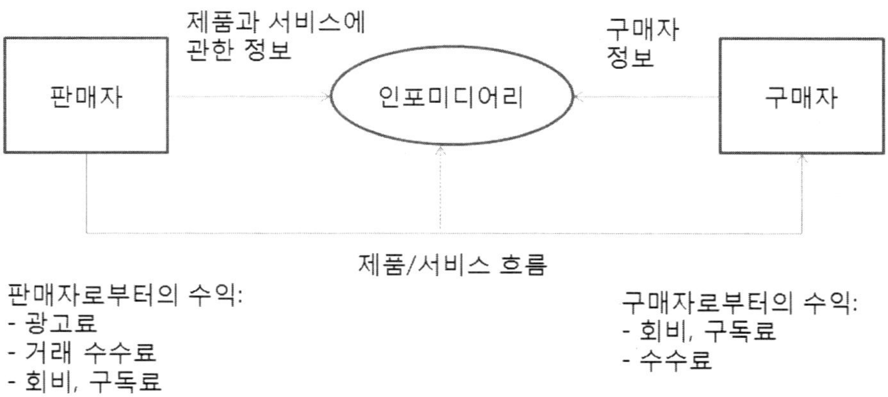

그림 1-3 인포미디어리(자료원: Grover & Teng, 2001)

1.7.2 중간상인의 역할

생산자와 소비자는 이마켓플레이스에서 직접 상호작용할 수 있다. 생산자는 고객에게 정보를 제공하고, 고객은 여러 상품 중에서 선택한다. 일반적으로 생산자가 가격을 정하지만 협상이 종종 가능하다. 그러나 직접 상호작용이 바람직하지 않거나 어려운 상황이 있으면 중간상인이 필요해진다. 중간상인은 인간이든 전자적인 것이든 아래와 같이 직접 상호작용의 한계점을 해결하여 줄 수 있다.

① 탐색비용 감소: 판매자와 고객이 서로 찾는데 많은 비용이 소요된다. 중간상인이 고객의 선호에 대한 데이터를 가지고 있으므로 판매자 정보를 적절한 고객에게 전달하여 탐색비용을 감소시킬 수 있다.

② 프라이버시 보호: 구매자나 판매자가 익명으로 거래하기를 원하거나 거래 정보의 노출을 원하지 않는다면 중간상인이 거래 당사자의 신원을 밝히지 않고 거래하도록 중개할 수 있다.

③ 불완전 정보 해소: 구매자는 판매자가 제공할 수 있는 것보다 제품 품질, 경쟁제품에 대해 많은 정보를 필요로 할 수도 있다. 중간상인은 판매업자 외에 다른 원천으로부터 제품정보를 수집하여 구매자에게 제공할 수 있다.

④ 계약위험 감소: 소비자가 상품을 받은 후에 대금지불을 거절할 수도 있고, 고객이 기대했던 것보다 열등한 상품을 판매자가 제공할 수도 있다. 중간상인은 그러한 위험을 낮출 수 있는 많은 도구를 가지고 있다. 중간상인이 판매자와 구매자의 잘못된 행동에 대해 책임을 지거나 보험을 제공하거나 경찰로서의 역할을 담당할 수 있을 것이다.

⑤ 가격결정의 비효율성: 매매 당사자의 가격 교섭을 중간상인이 도와준다.

1.7.3 B2B에 대한 전자유통업자

전자유통업자(e-distributor)는 제조업자 혹은 공급업자를 소매업자와 같은 구매자와 연결시키는 전자상거래 중간상인이다. 전자유통업자는 기본적으로 많은 공급자의 카탈로그를 자신의 장소(전자유통업자의 웹사이트)에 집합시킨다. 구매자들에 대해서는 전자유통업자는 한번 방문하여 주문할 수 있는 장소를 제공하게 된다. 구매 품목은 대체로 사무용품과 같은 MRO(maintenance, repair, operation) 품목들이다.

제조업자 → 전자유통업자 → 소매업자

1.8 전자상거래에 관한 학문적 접근

전자상거래를 이해하기 위해서는 다양한 분야의 이론과 연구가 응용될 수 있다. 기본적으로 기술적 접근법과 행동적 접근법이 있다.

(1) 기술적 접근법

컴퓨터공학은 인터넷 기술이 어떻게 전자상거래에 응용될 수 있는지에 관심이 있다. 컴퓨터 공학은 컴퓨터 하드웨어, 소프트웨어, 데이터베이스, 통신, 보안 기술 등에 관심을 가진다. 기술적 접근법은 컴퓨터와 인터넷 관련 기술을 응용하여 전자상거래 시스템을 구축하는데 관심을 가진다. 예를 들어, 전자상거래를 할 수 있는 웹사이트를 설계하고 구축하며 운영하는 기술에 대해 관심을 가진다.

(2) 행동적 접근법

행동적 접근법에 관심을 가지는 정보시스템 연구자들은 전자상거래와 기업 경영과의 관련성에 관심을 가진다. 마케팅과 전자상거래의 관련성은 시장세분화와 목표고객의 선정, 제품, 가격, 유통, 촉진 활동에서 찾을 수 있다. 재무와 회계 분야는 전자상거래 기업의 가치평가와 회계 실무에 대해 관심을 가진다.

사례 1-1 소셜 커머스

소셜 커머스(social commerce)는 일정한 수 이상의 구매자가 모이면 할인된 가격으로 상품이나 서비스를 구매할 수 있는 상거래로서 공동의 구매자들을 모으는데 트위터와 같은 소셜 네트워크 서비스를 이용하게 된다(그림 1-4). 소셜 쇼핑(social shopping)은 일정 수량 이상 공동 구매한다는 조건하에 인터넷을 통해 하루 동안 대폭 할인하여 판매하는 것으로 소셜 커머스와 같은 개념이다. 미국에서는 온라인 할인쿠폰 업체 그루폰(Groupon)이 유명하고 국내 업체로는 티켓 몬스터(그림 1-5), 쿠팡, 위폰 등이 있다.

소셜 커머스 사업자는 매일 이메일로 회원들에게 오늘의 상품을 알리고 구매를 원하는 소비자는 트위터, 미투데이 등으로 입소문을 낸다. 50% 이상의 할인이 일정 수의 구매자가 나타날 때 적용된다. 높은 할인율이 제공되는 것은 판매업체가 박리다매와 홍보 효과를 기대하기 때문이다.

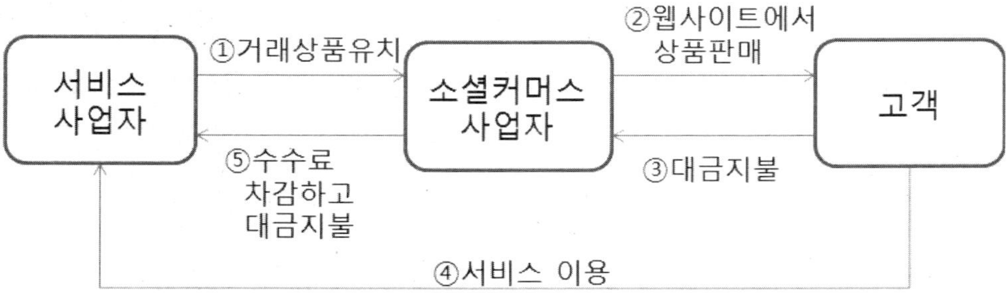

그림 1-4 소셜 커머스

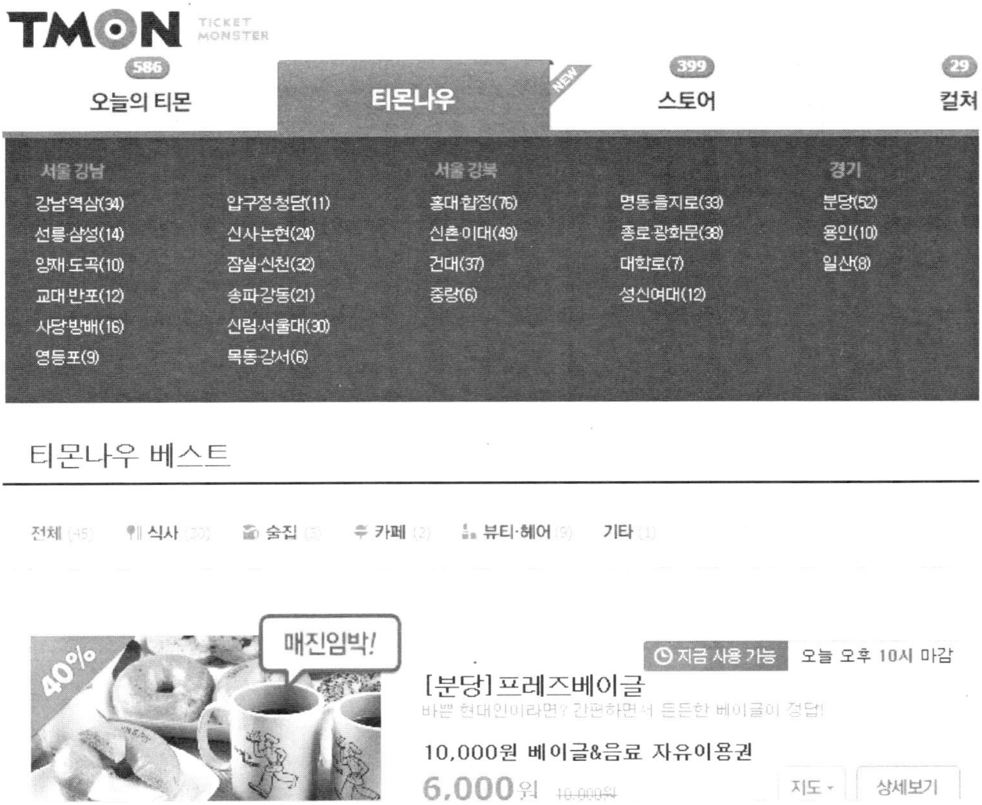

(자료원: ticketmonster.co.kr)

그림 1-5 티켓몬스터

소셜커머스는 할인가격으로 판매하는 서비스 사업자, 소비자, 거래를 중개하는 사업자 모두에게 이익이 있다. 서비스 사업자는 소셜 커머스를 홍보의 수단으로 이용할 수 있고, 소비자는 상당한 할인가로 서비스를 구매할 수 있고, 소셜 커머스 사업자는 서비스 사업자와 소비자를 연결시키는 대가로 거래금액의 일정부분을 수수료로 가져간다. 주로 공연, 레스토랑, 카페 등의 서비스 상품이 취급된다.

(자료원: 네이버 백과사전; 한국경제신문 2010. 8. 13; 조선일보, 2010. 10. 28, B4)

| 연습문제 |

1. 전자상거래의 개념과 유형을 설명하시오.
2. 전자상거래의 특징에 대해 설명하시오.
3. 전자상거래와 거래비용의 관련성을 설명하시오.
4. 중간상인의 역할을 설명하시오.

〈주요용어〉

전자상거래
e-비즈니스
편재성(ubiquity)
EDI
거래비용
네트워크효과
브로커
중간상인
B2C
B2B
C2C

제2장 전자상거래의 기술 인프라

본 장에서는 전자상거래를 이해하는데 필요한 기술 인프라를 개략적으로 다룬다. 전자상거래 관련 기술을 이해하면 소비자로서 쇼핑을 하거나 혹은 직접 인터넷 상점을 운영하는데 도움이 될 것이다. 이러한 기술로서 컴퓨터시스템과 통신망이 있으며 여기서는 인터넷에 관해 소개한다.

2.1 인터넷의 개념

인터넷은 전 세계에 흩어져 있는 수많은 컴퓨터들의 네트워크이다. 인터넷(Internet)이란 용어는 internetwork라는 단어에서 파생된 것으로서 두 개 이상의 컴퓨터 통신망을 연결시킨 것을 의미한다. 인터넷은 기업, 정부, 교육기관, 소비자 등 많은 조직이나 개인의 컴퓨터들을 연결시킨다. 특정 개인이나 조직이 인터넷을 소유하고 있거나 통제하는 것은 아니다.

웹(World Wide Web 혹은 Web)은 인터넷이 제공하는 하나의 서비스로서 웹페이지(Web page)에 대한 접근을 가능하게 해준다. 웹페이지는 텍스트, 그래픽, 오디오, 비디오 등 멀티미디어 데이터를 포함하는 문서이다. 웹 문서는 또한 하나의 웹페이지에서 다른 웹페이지로 쉽게 이동하도록 해주는 하이퍼링크(hyperlink)를 포함하고 있다.

2.2 인터넷관련 기술

인터넷을 이해하는데 중요한 기술로서 패킷교환, TCP/IP 통신 프로토콜, 그리고 클라이언트/서버 컴퓨팅이 있다. TCP/IP와 관련하여 IP주소, 도메인 이름, URL을 설명하였다.

2.2.1 패킷교환

패킷교환(packet switching)은 전송할 메시지를 패킷이라 불리는 작은 단위로 분할하여 서로 다른 통신 경로를 통해 보내고 목적지에 도달하면 패킷들을 재조합하는 방법이다. 각 패킷에 헤더정보(header information)가 추가된다. 헤더정보에는 패킷의 발송지와 최종 목적지 주소, 메시지 규모, 패킷의 수가 포함되어 있다.

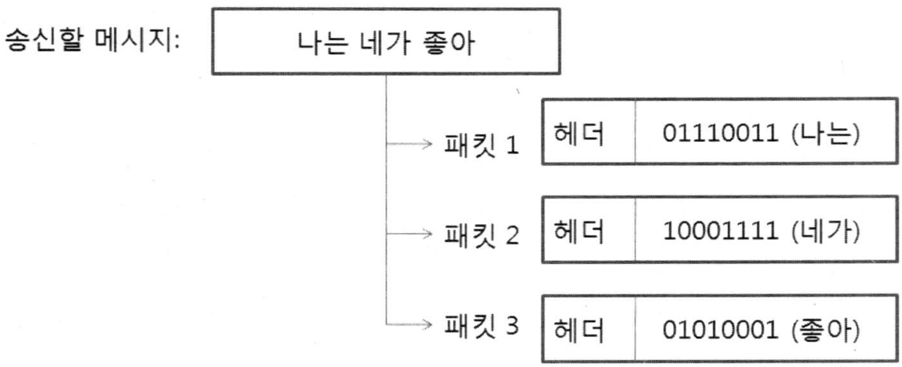

그림 2-1 패킷

그림 2-1을 보면 송신할 메시지를 패킷1, 패킷2, 패킷3으로 나누었다. 패킷은 0과 1로 표현되는 고정된 길이의 디지털 메시지이다. 그림 2-1의 패킷은 예를 들기 위해 단순화 한 것이다. 그림 2-2는 각 패킷이 독립적으로 서로 다른 통신경로를 통해 전송되더라도 최종 목적지에서 다시 재조합된다는 것을 보여주고 있다. 라우터

(router)는 인터넷을 구성하는 서로 다른 통신망들을 상호 연결해주는 통신장비이다. 패킷이 인터넷을 통해 최종 목적지까지 여행하는 동안 라우터가 최선의 경로를 택하도록 안내하는 역할을 한다.

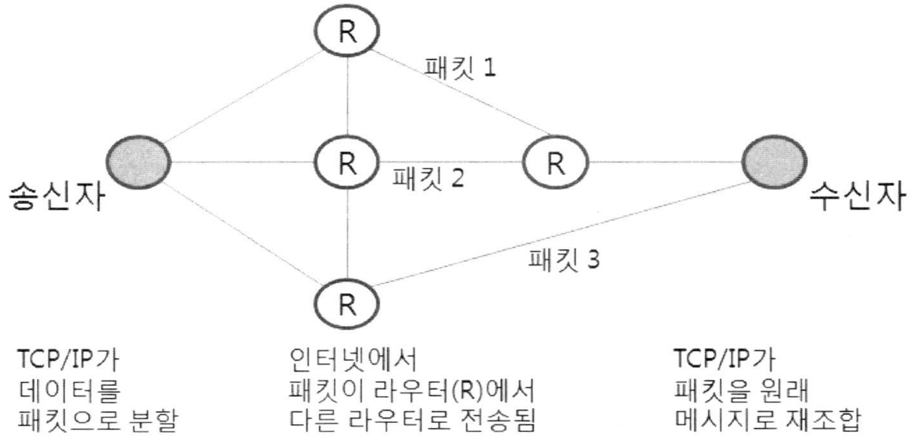

그림 2-2 패킷교환(자료원: Laudon & Traver, 2008)

패킷교환이 개발되기 전에는 회선교환(circuit-switching)방식이 있었다. 회선교환에서는 두 개의 통신장치 사이에 일시적으로 전용회선이 설정된다. 우리가 흔히 사용하는 기존의 전화시스템은 회선교환을 이용하는데 전화통화를 위해 번호를 누르면 수신자와 전용회선이 설정된다. 회선 교환기가 비어 있는 회선을 할당하고 회선이 설정되면 메시지는 그 경로를 통하여 전송된다. 이러한 전용회선은 비싸고 데이터가 전송되지 않는 동안에도 회선이 유지되므로 비효율적인 면이 있다. 그러나 패킷 교환을 이용하면 회선교환의 전송 비효율성을 개선할 수 있다. 패킷 교환에서는 노드 간의 회선을 여러 패킷들이 공유하기 때문이다(정진욱 등, 2006).

2.2.2 TCP/IP

정보통신망은 정보를 전송하기 위해 상호작용하는 다양한 하드웨어와 소프트웨어로 구성되어 있다. 하나의 통신망에 설치된 서로 다른 구성요소들은 프로토콜(protocol)이라 불리는 통신규약을 준수함으로써 서로 통신할 수 있다. 프로토콜은 통신망의 두 노드 사이에 정보를 전송하기 위해 따라야 할 규칙과 절차이다.

컴퓨터 이용의 초기에는 각 컴퓨터 제조업자들이 자신만의 프로토콜을 만들었기 때문에 서로 다른 제조업자들이 만든 컴퓨터들 간에 통신이 어려웠다. 컴퓨터들이 서로 데이터 전송을 하기 위해서는 같은 프로토콜을 사용하여야 한다. 컴퓨터 제조업자에는 IBM, Apple, Dell, Sun 등 여러 회사가 있다. 이들 서로 다른 제조업자들이 만든 컴퓨터라 할지라도 서로 연결될 수 있도록 하기 위해서는 오픈 아키텍처가 필요하다. 오픈 아키텍처(open architecture)의 사고는 인터넷에 연결된 모든 컴퓨터는 공통의 프로토콜을 이용한다는 것이다. TCP/IP는 오픈 아키텍처를 가능하게 한다. TCP/IP를 이용하면 인터넷에 연결된 컴퓨터는 제조회사에 관계없이 서로 데이터를 보내고 받을 수 있다.

TCP/IP(Transmission Control Protocol/Internet Protocol)는 디지털 메시지를 패킷으로 분할하고 그들을 적절한 주소지로 보내고 원래의 메시지로 재조합하는 방법이다. TCP/IP는 인터넷에서 사용되는 프로토콜의 집합으로서 TCP와 IP를 포함한다. 인터넷에서 TCP/IP가 전송할 데이터를 패킷으로 분할하고, 라우터로부터 다른 라우터로 메시지가 전달되고, TCP/IP가 원래의 메시지로 패킷들을 재조합한다(그림 2-2). TCP/IP는 구체적으로 네 개의 계층으로 분할되어 역할을 수행한다(그림 2-3).

○ 애플리케이션 계층(application layer)은 하위층의 서비스를 접근하는 능력을 가지고 다양한 애플리케이션을 제공한다. 애플리케이션의 예를 들면 HTTP(Hypertext

Transfer Protocol), FTP(File Transfer Protocol), SMTP(Simple Message Transfer Protocol)이 있다.

○ 전송 계층(transport layer)은 애플리케이션과의 통신을 담당하며 TCP를 포함한다. TCP(Transmission Control Protocol)는 송신측 컴퓨터와 수신측 컴퓨터 간의 연결을 설정하고 전송한 메시지가 수신지에 빠짐없이 정확하게 도착했는지 확인한다.

○ 인터넷 계층(internet layer)은 목적지 주소를 부여하고 데이터 패킷을 포장하고, 전송할 경로를 선택(routing)하는 것을 담당한다. 이 계층과 관련되는 IP(Internet Protocol)는 패킷을 하나의 컴퓨터에서 다른 컴퓨터로 전송하는데 사용되는 통신표준이다. IP는 인터넷의 주소체계를 제공하고 패킷의 실제 전달을 책임진다.

○ 네트워크 인터페이스 계층(network interface layer)은 네트워크 매체에 패킷을 올려놓거나 네트워크 매체로부터 패킷을 받는 것을 담당한다. 이 물리적 네트워크는 Ethernet이나 Token Ring과 같은 기술을 이용한다.

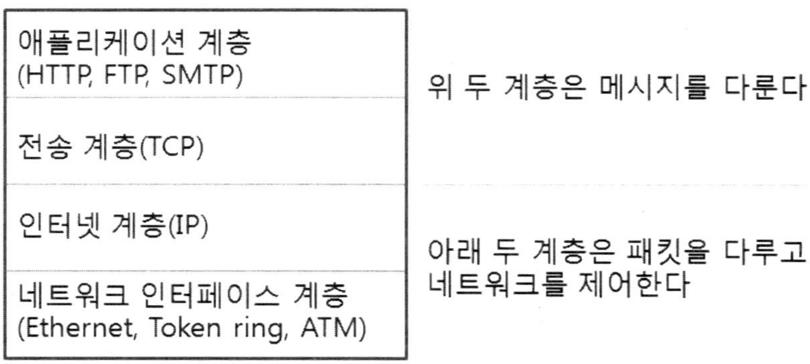

그림 2-3 TCP/IP 모델(자료원: Davis & Benamati, 2003)

2.2.3 IP 주소, 도메인 이름, URL

인터넷에 연결된 모든 컴퓨터는 주소를 가져야 통신할 수 있다. 두 가지 버전의 IP 주소가 있다. IPv4(Internet Protocol version 4)는 여전히 가장 많이 이용되고 있으며 인터넷에 연결된 컴퓨터를 식별하기 위해서 32 bit 숫자를 이용한다. IPv4 인터넷 주소는 점(period)으로 분리되는 4개의 숫자 집합들에 의해 표현된다. IP 주소의 예를 들면 아래와 같다.

```
201.220.82.66
```

오늘날 많은 기업과 조직, 정부기관들이 인터넷 주소를 부여 받았고 유비쿼터스 시대에는 단말기 마다 IP가 부여될 수 있는 환경이 필요하다. 점차 증가하는 IP 주소에 대한 수요에 대처하기 위해 새로운 주소체계가 필요했다. 이 새로운 인터넷 주소체계가 IPv6로서 128 bit 주소를 이용한다.

IP 주소는 긴 숫자이므로 사람들이 기억하기가 어렵다. 그래서 IP 주소를 도메인 이름으로 변환하여 이용한다. DNS(Domain Name System)이 IP 주소를 도메인 이름(e.g., naver.com)으로 표현하도록 해준다.

웹페이지는 그 주소에 의해 식별된다. URL(uniform resource locator)은 인터넷 상에 있는 웹페이지를 찾는데 이용되는 방법이다. 웹페이지 주소는 URL에 의해 표현된다(그림 2-4). 왼쪽에서 시작해서 첫 번째 것은 사용할 웹페이지 접근 방법(access method) 혹은 프로토콜이다. http(hypertext transfer protocol)는 클라이언트 브라우저(client browser)와 웹 서버(Web server) 사이에 웹페이지를 요구하고 전송하기 위한 TCP/IP 애플리케이션 계층 프로토콜이다. 콜론(:)은 분리하는 역할을 하고 슬래쉬 두 개(//)는 시스템 주소가 뒤따른다는 것을 나타낸다. 그 다음은 호스트 컴퓨터의 도메인 이름이다. 도메인 이름 오른쪽에 요청한 웹페이지를 가지는 호스트 파일의 경로이름이다. 경로이름은 그 파일로 접근하는 하위 디렉터리의 리스트이다.

```
protocol : // host / path / file

Protocol        : 프로토콜(e.g., http, ftp)
Host            : 파일이 저장된 호스트 컴퓨터의 도메인 이름
Path            : 경로이름
File            : 파일이름
```

그림 2-4 URL의 구성(자료원: Davis & Benamati, 2003)

예를 들어, 아래와 같은 URL이 있다고 하자.

http://www.cjmall.com/customer_center/index.jsp

www.cjmall.com은 도메인 이름으로서 웹 서버의 주소를 나타낸다. 여기서 com은 최고위층 도메인이고, cjmall은 회사 이름을 나타낸다. cjmall.com은 도메인 이름으로서 인터넷 호스트 사이트를 식별할 수 있도록 해준다. www는 웹서버에 대한 전통적 이름으로서 원하는 웹페이지를 가지는 호스트 컴퓨터에 실행되는 애플리케이션 프로그램의 이름이다. www는 주소가 웹 서비스와 관련된다는 것을 알려준다. 점(dot)은 도메인 이름의 부분들을 분리하기 위해 사용된다. customer_center는 경로이름이고 index.jsp는 파일이름이다.

또 다른 URL의 예가 아래와 같다고 하자.

http://employee.xyzco.com/help.html

여기서 employee는 xyzco가 운영하는 하나의 웹 서버이다. help.html은 그 호스트

컴퓨터에 저장된 웹페이지의 이름이다. 만약 아무 파일 이름도 명시되지 않는다면 서버는 index.html, default.html 등의 이름을 가지는 홈페이지를 접근하는 것으로 가정한다.

도메인 이름의 제일 오른쪽에 최고층 도메인(top-level domain)이 있다. 이 도메인에는 일반적인 도메인과 국가를 나타내는 도메인이 있다.

일반적인 최고층 도메인:

.com 상업

.edu 교육기관

.gov 정부

.mil 군사

.net 일반적 용도

.org 비영리조직

.biz 기업

.info 일반적 용도

.pro 전문가(회계사, 변호사, 의사 등)

국가 도메인:

.kr 한국

.au 호주

.ca 캐나다

.de 독일

.fr 프랑스

.jp 일본

.uk 영국

2.2.4 클라이언트/서버 컴퓨팅

웹이 제 기능을 하려면 클라이언트/서버 컴퓨팅(client/server computing)이 필요하다. 다수의 클라이언트가 통신망을 통해 서버와 연결되어 있다(그림 2-5). 클라이언트가 필요로 하는 파일, 애플리케이션, 데이터베이스 등을 서버가 가지고 있다. 만약 클라이언트가 서버에게 필요한 데이터를 요청하면 서버가 필요한 데이터를 검색하여 클라이언트에게 전송해준다. 클라이언트도 CPU와 저장장치를 가지고 있어서 필요하면 정보처리를 할 수 있다.

그림 2-5 클라이언트/서버 컴퓨팅

1960년대와 1970년대 메인프레임 컴퓨팅이 늘리 이용되던 때에는 컴퓨팅 비용이 매우 고가였다. 메인프레임 컴퓨팅에서는 많은 터미널이 메인프레임에 연결되어 있다(그림 2-6). 사용자가 터미널에서 필요한 정보처리를 메인프레임에게 요구

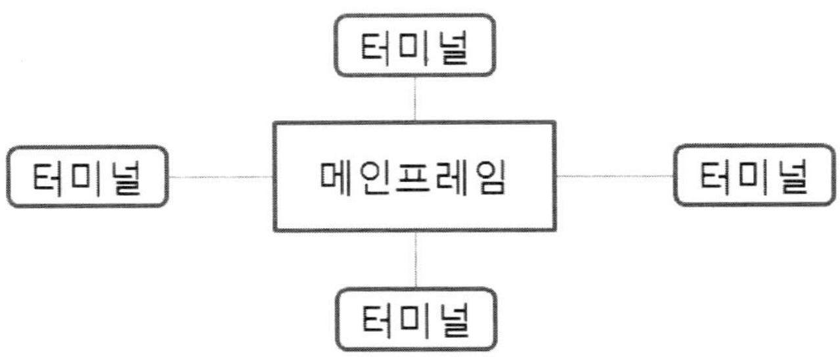

그림 2-6 메인프레임 컴퓨팅

하면 메인프레임이 그 처리를 담당한다. 터미널에는 보통 CPU가 없으나 PC가 터미널의 역할을 할 수 있다. 메인프레임은 성능이 좋아서 수천 개의 터미널이 연결되어 있어도 일을 수행할 수 있다. 메인프레임은 매우 고가여서 많은 고객을 대상으로 하는 대기업에서 이용하는 경향이 있다.

1980년대 PC가 근거리 통신망과 함께 이용되기 시작하면서 클라이언트/서버 컴퓨팅이 가능해졌다. PC의 가격 대비 성능은 급속하게 향상되었다. 집중화된 메인프레임 컴퓨팅에 비해서 클라이언트/서버 컴퓨팅에서는 필요하면 클라이언트를 추가하면 되므로 확장이 용이하다. 컴퓨터 처리가 여러 클라이언트로 분산되므로 메인프레임이 잘 못 되었을 경우 일어나는 시스템 실패 보다 덜 심각하다.

서버는 서버용 컴퓨터에서 운영되는 애플리케이션 프로그램이다. 하나의 호스트 컴퓨터에서 여러 개의 서버가 설치될 수 있다. 예컨대, 고객과 비즈니스 파트너가 로그인할 수 있는 웹서버, 종업원만 이용할 수 있는 웹서버, 그리고 이메일 전송을 위한 이메일 서버가 있을 수 있다. 각 서버를 별도의 호스트에서 실행할 수도 있다.

2.3 Web 2.0 메카니즘과 도구

이마켓플레이스, 쇼핑카트, 전자카탈로그 등은 Web 1.0의 메카니즘이다. 최근에는 Web 2.0 응용에 해당하는 블로그, RSS, wikis 등이 이용된다(Turban et al., 2009).

(1) 블로그

인터넷에서 개인들은 블로그를 이용하여 글이나 사진 등을 올릴 수 있다. 블로그(blog)는 공중에게 개방된 개인적 웹사이트로서 자신의 감정이나 의견을 표현할 수 있다. 블로그를 통해 사람들은 서로 의사소통하고 협동하고 토의할 수 있다. 가장 흔한 유형의 블로그는 전문가 블로그(professional blog)으로서 직업, 직장, 경력개발에 초점을 둔다. 개인적 블로그는 온라인 일기 형식을 가지고 여행 경험, 좋아하는 시, 아름다운 경치, 선호하는 음악 등을 올린다. 토픽 블로그는 특정 분야에 대한 글이나 정보를 올린다. 비즈니스 블로그에는 비즈니스나 투자에 관한 정보가 있다. 비즈니스 블로그는 고객과의 의사소통, 종업원간의 의사소통, 일반 대중과의 관계 개선을 위해 이용될 수 있다.

(2) RSS

RSS는 Rich Site Summary(풍부한 사이트 요약) 혹은 Really Simple Syndication (매우 간단한 배급)으로서 웹 콘텐츠를 배급하기 위한 XML 포맷이다. HTTP라는 전송 프로토콜을 이용하면 HTML 형식의 웹 문서 파일을 보낼 수 있듯이, XML 형식의 데이터는 RSS라는 프로토콜을 이용할 수 있다. RSS 등장 이전에는 원하는 정보를 얻기 위해 해당 웹사이트를 직접 방문해야 했으나 RSS 프로그램을 이용하면 각각의 사이트를 방문할 필요 없이 최신 정보를 한 곳에서 볼 수 있다(그림 2-7). RSS는 사용자에게 아래와 같은 편익을 제공한다.

적시성: 원하는 사이트에 신규 콘텐츠가 이용 가능할 때마다 그 갱신된 내용을 자동으로 받아 볼 수 있다.

효율성: 다수의 사이트에서 갱신된 내용을 한 곳에서 받아 볼 수 있다. 또한 사용자가 원하는 토픽과 일치하는 정보만 볼 수 있다.

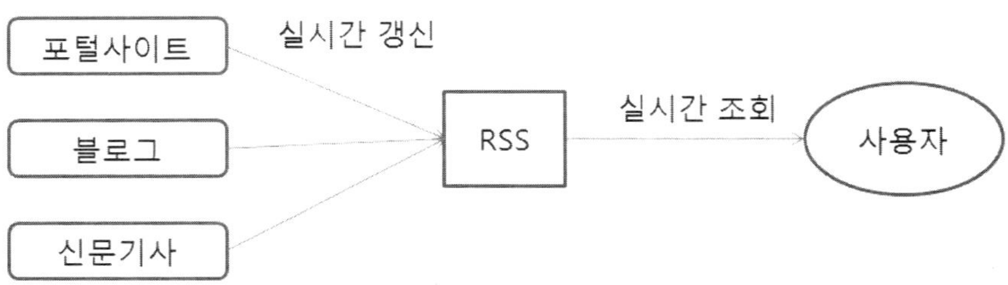

그림 2-7 RSS 방식(자료원: www.minimon.co.kr)

〈주요 용어〉

TCP/IP

IP주소

DNS

URL

Client/Server Computing

Blog

RSS

제3장 전자상거래와 비즈니스 모델

본 장에서는 전자상거래를 위한 비즈니스 모델을 소개한다. 전자적 비즈니스를 수행하여 수익을 창출하고 생존하기 위해서는 효과적인 비즈니스 모델을 갖추어야 한다. 먼저 일반적인 비즈니스 모델의 개념과 구성요소를 설명하고 B2C와 B2B에 있어서 대표적인 비즈니스 모델의 유형을 다룰 것이다.

3.1 비즈니스 모델의 개념과 주요 요소

비즈니스 모델(business model)은 비즈니스를 수행하는 방식을 말한다. 비즈니스를 수행하는 방식에 따라 수익을 어떻게 창출하는지가 정해지고 수익이 발생하여야 기업은 장기적으로 생존할 수 있다. 비즈니스 모델은 가치사슬에서 기업이 어디에 위치하는가를 명시하며 어떻게 이익을 창출하는지를 설명해준다. 소매업자가 제조업자로부터 제품을 구매하여 전자상거래를 통해 직접 최종소비자에게 판매하는 경우 가치사슬은 그림 3-1과 같다. 전자소매업자와 소비자 사이에 중간상인이 개입되지 않는다. 웹사이트에서 직접 소비자에게 판매하여 이익을 창출하고 있다.

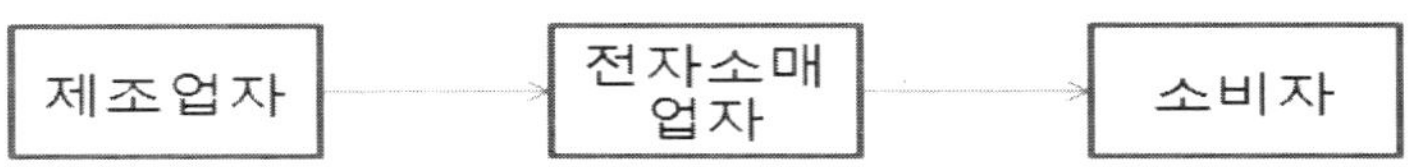

그림 3-1 전자소매업자와 가치사슬

비즈니스 모델이란 이익을 창출하기 위해 계획된 활동 혹은 비즈니스 프로세스를 말한다. 비즈니스 모델이 경쟁 환경을 고려하기 때문에 경영전략과 유사하다. 비즈니스 모델은 경영전략의 중심이 되지만 같은 것은 아니다. 경영계획은 기업의 비즈니스 모델을 설명해주는 문서로서의 역할을 한다. 경영계획은 항상 경쟁 환경을 고려한다. 전자상거래 비즈니스 모델은 인터넷과 웹의 독특한 특성을 활용하는 것을 포함한다(Laudon & Traver, 2008).

신경제 비즈니스 모델에는 여러 가지 요소가 있다(Rayport & Jaworski, 2002). 이 비즈니스 모델의 구성요소는 경영자가 전자상거래를 통한 비즈니스를 할 때 선택해야 할 사항들이다.

- 고객에 대한 가치제안
- 시장에서 판매할 상품
- 자원시스템
- 수익모델
- 재무적 성장모델

3.1.1 가치제안

기업의 가치제안(value proposition)은 비즈니스 모델의 중심이 된다. 가치제안은 기업의 제품과 서비스가 어떻게 고객의 욕구를 충족시키는지를 정의하는 것이다. 고객이 다른 경쟁기업 대신에 특정 기업과 거래한다면 그럴만한 이유가 있을 것이다. 다시 말해서, 다른 기업이 제공하지 않거나 제공할 수 없는 무엇을 제공할 필요가 있다.

온라인 식료품점의 경우 신선하고 품질 좋은 과일과 채소를 비교적 저가에 밤에도 고객이 원하는 장소에 신속하게 배달할 수 있어야 한다. 바쁜 고객 입장에서 보면 슈퍼에 가지 않고 온라인 주문을 하는 이유는 편리함과 시간 절약일 것이다. 이

것이 온라인 식료품점이 고객에게 제공하는 가치라고 볼 수 있다.

만약 온라인 서점을 경영한다면 어떤 가치를 고객에게 제공할 수 있어야 하는가? 고객이 찾는 책은 무슨 책이든 취급하고 있고, 일주일에 7일 하루에 24시간 언제든지 온라인 주문을 할 수 있고, 책의 내용을 알 수 있고, 주문할 때 재고유무를 확인하고, 저가에 신속한 배송이 이루어진다면 편리성을 추구하는 고객의 욕구를 만족시킬 수 있을 것이다.

비즈니스 모델을 구성하는데 먼저 생각해볼 것은 가치제안을 명확하게 정하는 것이다. 가치제안을 정하는 것은 목표고객의 선정, 고객편익의 선택, 핵심능력의 결정을 포함한다.

(1) 목표고객의 선정

어떤 고객집단을 목표고객으로 할 것인가? 목표고객을 선정함에 있어서는 시장의 매력도와 시장에서 기업의 경쟁능력을 평가해야 한다. 매력적인 시장이 존재하고 그 시장에서 다른 기업과 경쟁해서 이길 능력이 있다면 그러한 시장을 공략하면 된다. 시장의 매력도는 여러 가지 요인에 달려 있다. 첫째, 시장규모가 크고 시장의 성장율이 높아야 매력적이다. 둘째, 고객의 욕구가 충족되지 않고 있거나 기존의 기업들에 의해 잘 충족되지 않고 있는 시장이 매력적이다. 셋째, 경쟁자가 없거나 경쟁 기업이 보유하고 있는 자원이 빈약하여 경쟁력이 약하다면 매력적인 시장으로 평가된다.

특정 시장에서 기업의 경쟁능력은 기업의 강점이 그 시장에서의 고객이 원하는 편익과 얼마나 잘 일치하는지에 의해 평가될 수 있다. 온라인 소매점이 TV나 컴퓨터와 같은 전자제품을 다른 기업보다 저가로 조달하고 전자상거래를 통해 판매할 수 있다면 최저가로 편리하게 구매하려는 고객들의 욕구를 충족시킬 수 있으므로 일단 경쟁력을 가진다고 볼 수 있다.

(2) 고객편익의 선택

목표고객에게 제공할 주요 편익은 무엇인가? 기업은 적어도 한 두 개의 주요 편익에 집중해야 한다. 도요타 자동차는 품질이 좋아서 높은 중고차 가격이라는 편익을 중고차 구매고객들에게 제공하고 있다. 삼성전자의 PC는 고가이지만 서비스가 좋은 제품으로 인식되고 있다. 삼성 컴퓨터의 경우 품질과 서비스에 초점을 맞추고 있는 것으로 보인다. 대한항공의 국제선 항공기를 타면 한국음식과 한국어 서비스라는 편익을 한국인은 제공받을 수 있다.

두 가지 이상의 편익에 초점을 맞추고 경쟁하는 경우 문제가 발생할 수도 있다. 고객이 두 가지 편익에 대해 혼동을 가지고 있을 수도 있다. 품질이 좋은 제품인지 아니면 저가 제품인지 어떤 성격의 제품인지 잘 구분되지 않을 수도 있다는 것이다. 또한 제조업자가 저가이면서 동시에 최고 품질의 제품을 공급하는 것이 무리가 될 수도 있다. 좋은 품질도 아니고 저가도 아닌 중간 성격의 상품을 만들어내는데 그칠 수도 있다.

인터넷 소매점의 경우 가격이라는 편익만 제공한다고 성공하지는 않을 수도 있으므로 복수의 편익을 고객에게 제공하는 것을 고려할 필요가 있을 것이다. 인터넷에서 쇼핑하는 소비자가 반드시 최저가를 제시하는 사이트에서 구매하지는 않을 것이다. 어떤 구매자들은 최저가를 선호하겠지만 다른 구매자들은 배송, 품질에 대한 신뢰, 보안 등 다른 요인들을 고려하여 구매할 사이트를 결정할 것이다.

(3) 핵심능력의 결정

전자상거래를 하는 기업으로서 고객 편익을 경쟁기업 보다 왜 더 잘 제공할 수 있는지에 대한 강력한 이유가 필요하다. 경쟁기업이 갖지 못한 독특한 자원이나 핵심능력이 있다면 고객이 원하는 편익을 성공적으로 제공할 수 있을 것이다. 물론 이 핵심 능력은 기업의 내부 요인으로서 고객이 원하는 편익을 탁월하게 전달하는데 관련이 있어야 한다. 여기서 핵심능력은 기술, 공급망 관리능력, 브랜드, 위치 등이 될 수 있다. 주변에 가게나 사무실이 많이 있는 어느 식당은 청국장을 전문적으로 팔고 있다. 양식이나 육식 위주의 식당 보다는 한국의 전통적 음식을 선호하는 고객층을 대상으로 점식이나 저녁을 제공하고 있다. 이 식당은 주차장이 확보되어 있고 청국장 솜씨가 뛰어나고 식당 분위기 역시 중산층이 좋아 할만하다. 그래서 항상 많은 손님들이 몰려들고 있다. 이 비즈니스에서 핵심능력은 청국장 요리 솜씨로서 고객의 입맛을 잘 충족시키고 있다.

3.1.2 온라인으로 판매할 제품과 서비스

가치제안이 결정되면 다음 단계는 온라인으로 판매할 제품, 서비스, 그리고 정보를 정하는 것이다. 판매할 상품에 대해서는 우선 그 범위를 정할 필요가 있고 상품 종류별로 소비자의 구매의사결정과정을 이해하고 구매결정과 관련된 정보를 제공해주고 각 구매 단계를 지원할 수 있는 방안을 마련해야 한다.

판매할 상품의 범위: 범위란 전자상거래 사이트에서 얼마나 다양한 상품을 판매할 것인가를 가리킨다. 어떤 사이트는 한 가지 종류의 상품만 취급한다. 어떤 사이트는 꽃 배달만 취급한다(e.g., www.flowero1.co.kr). 또 다른 전자상거래 사이트는 다양한 종류의 상품을 취급한다. 예컨대, www.cjmall.com에서는 의류, 침구, 잡화, 컴퓨터 등 여러 가지 종류의 상품을 판매한다. Amazon.com은 도서를 판매하는 전문 사이트로 출발했지만 이제는 장남감, 컴퓨터, 전자제품 등 다양한 상품을 취급하는 사이트로 변화하였다.

소비자 의사결정 프로세스: 상품별로 소비자가 어떤 과정을 거쳐서 구매에 이르는지 이해할 필요가 있다. 소비자의 구매 결정 프로세스를 이해하면 기업이 어떻게 고객의 구매과정을 도와서 매출을 올릴 수 있는지 알아낼 수 있다. 일반적으로 고객의 구매 의사결정 프로세스는 그림 3-2와 같이 구매 전 단계, 구매단계, 구매 후 단계로 구분할 수 있다.

① 구매 전 단계: 이 단계는 문제 인식, 정보탐색, 대체안 평가로 구분할 수 있다. 문제인식이란 소비자가 특정 상품에 대한 구매의 필요성을 인식하는 단계이다. 생일 선물로 최신 mp3를 딸에게 선물하기로 했다면 생일 이벤트가 구매문제를 인식하게 한 것이다. 다음은 정보탐색 단계로서 어떤 제품을 살 것인지에 대한 정보와 어느 상인으로부터 구매할 것인지에 대한 정보를 탐색한다. mp3를 구매하기 위해 여러 쇼핑몰을 방문하면서 가격, 디자인 등 필요한 정보를 얻는다. 대체안 평가에서는 여러 제품 모델을 평가하고 어느 매장에서 구입할 것인지 정한다.

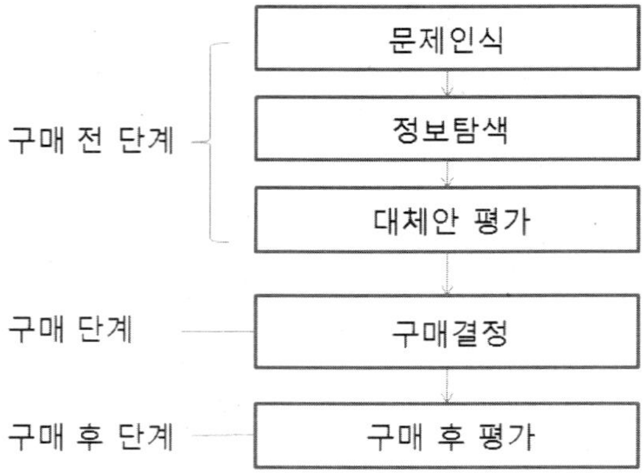

그림 3-2 소비자 구매의사결정 과정

② 구매단계: 실제 주문을 하고 대금을 지불하는 단계이다. 배송 조건이나 품질 보증 문제도 여기서 결정된다. 배송 조건은 언제까지 어느 장소에서 상품을 인도할 것인지에 관한 것이다.

③ 구매 후 단계: 구매한 상품을 평가하는 단계이다. 제품의 유지보수나 사후 서비스 신청과 관련된 결정도 이 단계에 포함된다. 판매 회사의 서비스, 제품의 기능이나 다른 품질 특성 등이 기대한 수준에 맞으면 만족하게 될 것이고 그렇지 않으면 불만족하게 될 것이다. 불만족하면 재구매로 이어지기 어렵고 만족하게 되면 재구매로 이어질 가능성이 커지고 고객 충성도가 높아진다고 볼 수 있다.

3.1.3. 자원시스템

가치제안과 판매할 상품의 결정은 비즈니스 모델의 중요한 요소이다. 목표 고객이 원하는 편익을 제공하기 위해 어떤 상품을 판매할 것인지 정하고 나면 자원시스템이 결정되어야 한다. 다시 말해서, 고객이 원하는 상품을 경쟁 기업 보다 더 잘 제공하기 위해서 필요한 자원을 확보해야 한다. 자원을 조달하고 활용할 수 있어야 기업은 능력을 발휘할 수 있고 활동을 수행할 수 있다. 자원은 여러 가지 형태를 가진다. 자원에는 창고와 같은 물리적 자산과 브랜드와 같은 비가시적 자산이 있다. 자원시스템을 구축하는 단계는 아래와 같다(Rayport & Jaworski, 2002).

① 고객에게 제공할 핵심 편익을 정한다. 가치제안을 정하면서 무엇이 핵심 편익이 될 것인지 결정한다. 예를 들어, 온라인 증권사는 물리적 점포 없이 주식과 같은 증권거래의 중개 서비스를 한다. 개인이나 기업 혹은 기관들의 주식 매매를 중개하고 수수료를 수입으로 얻는 비즈니스를 한다. 물리적 점포가 없기 때문에 적은 인력으로 회사를 운영하므로 인건비와 건물 비용이 낮아서 고객에게 최저 수수료를 부과할 수 있다. 빈번한 매매를 하는 단기 투자자를 목표 고객으로 선정하여 사용하기 편리한 시스템, 계좌개설의 용이성, 저렴한 수수료라는 핵심 편익을 제공한다.

② 각 편익과 관련되는 능력을 식별한다. 고객에게 편익을 제공하기 위해 기업이 갖추어야 할 능력을 파악한다. 사용하기 편리한 HTS(home trading system)라는 편익을 고객들에게 제공하기 위해서는 HTS 개발능력을 보유해야 한다. 고객이 원하는 시스템으로 개발하기 위해서 회사 내부에 그러한 능력을 갖추어야 한다. 고객에게 계좌개설의 용이성이라는 편익을 제공하기 위해서는 폭 넓은 고객 접근 경로라는 능력을 가져야 한다.

③ 자원을 각 능력에 연결시킨다. 능력이 식별 된 다음, 기업은 각 능력을 갖추는

데 필요한 자원을 식별해야 한다. 기업의 능력을 창조하는데 관련된 자산, 활동 혹은 파트너십이 자원이 될 수 있다. HTS 개발 능력을 기업 내부에 보유하기 위해서는 투자 분야에 유능한 시스템 개발 인력이라는 자원이 필요하다. 고객이 접근하는 폭 넓은 경로를 제공하기 위해서는 전국적인 점포를 가진 다른 기업의 시설을 자원으로서 이용할 필요가 있다.

④ 각 능력을 기업이 얼마나 갖출 수 있는지 분석한다. 기업 자체적으로 필요한 능력을 갖추고 있지 못하다면 아웃소싱을 하든지 내부적으로 그러한 능력을 개발해야 한다. 순수 온라인 증권회사는 물리적 점포를 가지지 못하므로 고객에게 편리한 접근 경로를 제공하지 못하고 있다. 따라서 다른 기업과 제휴를 맺어 필요한 자원을 확보해야 한다.

⑤ 능력을 갖추기 위해 필요한 파트너를 찾는다. 온라인 증권회사는 은행, 보험회사, 우체국 등과 같이 각 지역에 점포를 가지고 있는 기업과 제휴를 맺어 그들의 자원을 활용하도록 한다. 온라인 증권회사의 편익, 능력, 자원의 관계를 나타내는 그림으로 표현하면 그림 3-3과 같다. 그림 3-3은 그러한 관계를 일부 표현한 것이다.

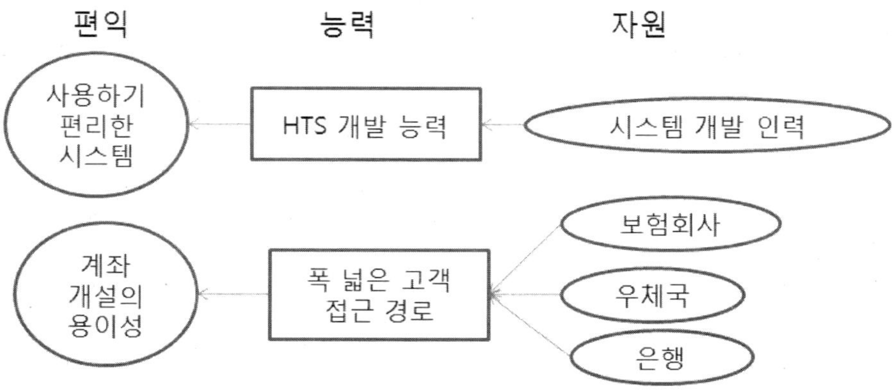

그림 3-3 온라인 증권회사의 자원시스템

3.1.4 수익모델

여기서는 전자상거래를 통해 어떻게 수익을 창출할 수 있는지를 살펴보고자 한다. 수익창출뿐만 아니라 고객서비스 향상을 위해서 전자상거래를 할 수 있지만 기업과 소비자 혹은 기업 간의 거래를 위한 전자상거래라면 수익창출이 무엇보다 중요하다. 수익이 없으면 비즈니스를 장기적으로 지속할 수 없기 때문이다. 수익모델(revenue model)이란 기업이 수익을 창출하는 방안을 의미하며 아래와 같은 수익모델을 생각해볼 수 있다. 이러한 수익모델은 B2C와 B2B 양자에 모두 해당한다. 많은 회사들은 하나의 웹사이트를 구축하여 B2C와 B2B 모두 처리한다.

(1) 판매 수익모델

고객에게 상품을 판매하여 수익을 창출하는 방법이다. CJmall, 아마존(amazon.com) 등은 판매 수익모델을 가지고 있다(그림 3-4). 이러한 온라인 쇼핑몰은 전자 카탈로그를 갖추고 웹사이트에 방문하는 고객들에게 상품을 알려서 판매기회를 갖는다.

그림 3-4 CJmall의 홈페이지

우편 주문을 위한 카탈로그와 비슷한 방식으로 웹에서 카탈로그를 만들어 제품이나 정보를 판매한다. 소비자들은 집에 우송되어 온 상품 카탈로그를 보고 매장을 방문하여 쇼핑하거나 전화로 주문을 할 수 있다. 그러나 이제 전자소매업을 하는 웹사이트를 방문하여 원하는 상품을 검색하고 전자적 상품 카탈로그에 나타난 가격, 제품사양, 제품설명 등을 확인하여 주문할 수 있다.

(2) 광고 수익모델

많은 방문자를 가지는 웹사이트는 광고주들을 위해 광고를 게재하고 광고료를 받는다. 네이버나 다음과 같은 포털 사이트의 경우 방문자가 필요로 하는 정보나 이메일과 같은 서비스를 제공하여 많은 트래픽을 유발하고 광고를 원하는 기업을 위해 배너광고 등을 노출시킨다. 광고료는 광고주로부터 받게 된다. 그림 3-5는 네이버(naver.com) 홈페이지에 올라 온 다빈치 라식에 대한 광고를 보여주고 있으며 광

그림 3-5 네이버의 광고

고를 클릭하면 밝은눈안과의 홈페이지로 이동하게 된다.

(3) 구독료 수익모델

구독료(subscription) 수익모델은 웹사이트가 방문자들에게 유용한 콘텐츠를 제공하고 구독료를 수익으로 삼는 것이다. 신문, 잡지, 법률정보, 투자정보 등을 온라인으로 구매하는 고객으로부터 매월 혹은 건당 구독료를 받는다. 일부 정보는 무료이지만 보다 깊이 있는 정보는 유료화하는 경향이 있다. 예를 들면, 와우넷(wownet.co.kr)은 주식투자 전문사이트로서 증권방송, 전문가생방송, ARS 정액제, 시황전략 정액제를 실시하여 매월 서비스 구독료를 받는다(그림 3-6). 광고료와 구독료를 혼합하여 수익원으로 삼는 모델도 있다. 예컨대, New York Times는 광고료를 주 수익원으로 삼고 웹사이트에 방문하여 정보에 접근하고자 하는 방문객들에

그림 3-6 와우넷의 구독료

게 일정액의 수수료를 부과한다.

(4) 거래수수료 수익모델

거래수수료 수익모델(transaction fee revenue model)은 거래를 성사시키고 거래 당사자로부터 수수료를 받는 것이다. 옥션에서 판매할 상품을 등록하고 낙찰이 될 경우 그림 3-7과 같은 수수료를 판매자가 옥션에 지불해야 한다. 증권중개회사(stock brokerage firm)는 거래수수료 모델을 이용한다. 고객의 주식 매수와 매도 거래 주문을 실행해주고 수수료를 고객으로부터 받는다. 미국의 종합증권회사(full-line broker)는 투자 조언을 하고 구체적인 매수와 매도 추천을 고객들에게 무료로 제공하지만 고객을 위해 처리한 거래에 대해서는 높은 수수료를 부과하였다.

수수료 종류와 금액

종류		수수료
등록수수료	일반판매자	300원
	사업자회원, 파워셀러	무료
낙찰수수료		개당 판매금액을 기준으로 상품 카테고리에 따라 1%~ 12%까지 차등 적용. 일부 카테고리에 한해 판매금액이 50만원 초과시에는 초과금액의 3% 추가부담. 단, 핸드폰 할부 카테고리는 25,000원 정액
부가 서비스 수수료 (판매자 선택)		선택한 부가서비스 종류에 따라 해당 수수료 부담
신용카드 무이자 할부 수수료 (판매자 선택)		- 3개월: 결제금액의 2.8% - 6개월: 결제금액의 4.8%

※ 단, 판매기간이 15일 이상인 경우 기간에 따른 추가 수수료가 부과됩니다.

그림 3-7 옥션의 거래수수료

(자료원: http://member.auction.co.kr/help/help.aspx?helpcode=20400, 2009. 1. 19방문)

Charles Schwab과 같은 할인중개업자(discount broker)는 투자조언을 고객에게 제공하지는 않지만 낮은 거래수수료를 부과한다. E*TRADE와 같은 온라인 증권사들은 웹을 통해 종합증권회사와 같은 투자 조언을 큰 비용을 지출하지 않고도 고객들에게 제공할 수 있게 되었다. 종합증권사들은 적은 거래수수료를 부과하는 온라인 증권사들과 경쟁하게 되었고 홈트레이딩 시스템(HTS, Home Trading System)과 웹트레이딩 시스템을 도입하게 되었다.

3.1.5 성장모델

기업이 성장하여 더 많은 수익을 창출하기 위해 선택할 수 있는 방안은 제품/시장 매트릭스를 통해 이해할 수 있다(그림 3-8). 첫 번째 방안은 현재 제품 시장을 더 침투하는 것이다. 둘째는 기존 시장에서 새로운 제품을 개발하는 것이다. 셋째는 새로운 시장에 기존 제품을 판매하는 것이다. 넷째는 완전히 새로운 제품을 새로운 시장에 판매하는 것이다. 이 프레임웍을 온라인 시장과 물리적 시장 모두를 포함하도록 확장시키면 8개의 선택할 수 있는 대안이 가능해진다.

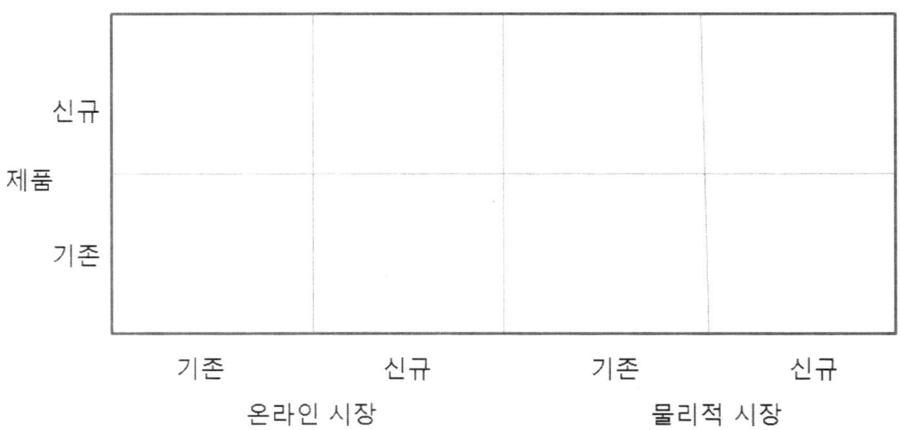

그림 3-8 성장모델(자료원: Rayport & Jaworski, 2002)

3.2 기업과 소비자간 전자상거래 비즈니스 모델

기업과 소비자간(B2C) 전자상거래는 기업이 소비자를 대상으로 전자상거래를 하는 것을 말한다. 주요 B2C 비즈니스 모델로서 전자소매업, 포털, 거래중개, 시장 조성자, 커뮤니티 모델을 아래에서 설명한다.

3.2.1 전자소매업

온라인 전자소매상(e-tailer)은 웹사이트에서 상점을 가지고 상품을 판매한다. 소비자가 인터넷 접속을 하여 웹사이트를 방문하고 필요한 상품을 검색하고 정보를 얻은 다음 주문을 하게 된다. 전자소매상에는 온라인 판매만 하는 순수 전자소매상도 있고 물리적 매장을 가지고 있는 혼합 소매상도 있다. Amazon.com이나 yes24.com(그림 3-9)은 순수 온라인 소매상인 반면 Wal-Mart나 인터넷 교보문고(www.kyobobook.co.kr)은 물리적 매장도 가지는 혼합형이다. 전자소매 분야는 신

그림 3-9 전자소매점: yes24.com

규 시장 진입 비용이 비교적 적으므로 진입장벽(barriers to entry)이 낮다고 할 수 있다. 진입장벽은 특정 산업에서 신규로 진입하고자 하는 기업이 부담해야 할 비용이나 문제를 의미한다. 전자제품이나 의류 소매를 하려면 단독으로 상점을 개설할 수도 있지만 지마켓(gmarket.co.kr) 같은 대규모 쇼핑몰에 입점하여 상점을 운영하고 판매수수료, 관리비용 등을 지불하면 된다.

3.2.2 포털

포털(portal)은 사용자들에게 웹 검색 도구를 제공하여 다양한 웹사이트로 접속할 수 있도록 하는 인터넷상의 관문이다. 포털을 방문하면 뉴스, 지도, 투자정보, 지식, 이메일, 카페, 블로그 등의 서비스를 이용할 수 있으므로 많은 사람들이 방문한다. 포털에는 다음, 네이버, 구글(google.co.kr), 야후 등이 있다(그림 3-10). 이러한 포털은 많은 트래픽을 이용하여 광고를 하고 광고주들로부터 광고료를 받는다. 광고주

그림 3-10 포털: google.co.kr

란 인터넷, 신문, 방송 등의 매체에 기업이나 상품에 대한 광고를 내기를 원하는 사람(혹은 조직)을 말한다. 광고주가 인터넷 기업이나 신문사 등에 광고료를 지불한다. 네이버의 주요 수익원의 하나는 광고료이다(displayad.naver.com).

3.2.3 거래중개

거래중개자는 소비자를 위해 거래를 중개해주는 사이트로서 소비자의 시간과 비용을 절약해준다. 예를 들면 키움증권과 같은 온라인 증권회사는 주식을 매매하고자 하는 개인과 기관을 위해 거래를 중개해주고 주식 매도자와 매수자 양측으로부터 수수료를 받는다(그림 3-11). 수수료는 보통 매매금액에 비례한다. 보통 온라인 증권사는 전통적인 증권사(e.g., 삼성증권, 우리투자증권)보다 매매수수료가 저렴한 편이다. 전통적 증권회사는 투자자들에게 투자정보를 제공하기 위해 기업과 경제에 관한 조사 연구를 많이 하기 때문에 매매 지원을 주로 하는 온라인 증권사에 비하여 수수료가 상대적으로 높다.

그림 3-11 거래중개: 키움증권

3.2.4 시장조성자

시장조성자(market creator)는 구매자와 판매자가 만나고 제품을 웹사이트에 올리고 검색하고 가격을 결정할 수 있는 디지털 환경을 구축한다. 웹이 없던 시기에는 물리적 장소에 시장을 만들어야 했다. 그러나 이제는 웹에서 시장을 구축하고 운영한다. 경매도 이전에는 물리적 장소에서 진행되었지만 현재는 온라인 경매가 가능하다. 옥션(auction.co.kr)이나 이베이(ebay.com) 같은 웹사이트는 개인이나 기업 고객을 위한 경매 시설을 조성하고 운영하고 있다(그림 3-12). 예를 들면, eBay의 경매는 구매자와 판매자가 만날 수 있는 디지털 환경을 만들고 경매로 상품을 매매하도록 한다. 경매에서는 여러 가지 종류의 상품이 취급 될 수 있다. 예컨대, 가격을 정하기가 쉽지 않은 중고품이나 미술 작품 등이 거래된다. 판매자가 판매할 물품을 경매 사이트에 올리면 구매자들은 그 물품의 사진이나 설명을 보고 지불하려는 가격을 온라인으로 제출한다. 경매 기간이 종료되면 제일 높은 가격을 제시한 입찰자에게 낙

그림 3-12 시장조성자: 옥션의 경매 중개

찰을 통보한다. 옥션의 경우 판매자로부터 수수료를 받고, 구매자로부터 받는 수수료는 없다. 수수료 종류에는 물품 등록 수수료, 낙찰 금액에 대한 수수료 등이 있다.

3.2.5 커뮤니티 모델

커뮤니티는 비슷한 관심사를 가지는 사람들이 서로 대화하고 정보를 교환하고 사진이나 동영상을 공유할 수 있는 사이트를 말한다. 온라인 커뮤니티(online community)는 공동의 목표를 가지고 모이며 자체적인 정책에 의해 관리되는 컴퓨터 매체 환경에서 형성된 개인들의 모임이다. 모든 커뮤니티는 다섯 가지 특성을 가지고 있다(Krishnamurthy, 2003).

① 목적: 모든 커뮤니티는 회원을 모으는 미션을 가진다.
예를 들어, paxnet.moneta.co.kr는 회원들에게 증권투자 정보를 제공하는 사이트이다.

② 경계(boundary): 커뮤니티에 경계가 있어서 회원들은 무엇이 커뮤니티와 관련된 것인지 알아야 한다.

③ 상호성(mutuality): 커뮤니티는 공동의 목적에 관심을 가지는 회원들로 구성되어 있다. 적극적으로 참여하는 회원들은 서로 공유된 관심분야를 가지고 상호작용한다.

④ 규칙: 커뮤니티는 현재 및 잠재적 회원들에 대해 지켜야 규칙을 정하고 전달한다.

⑤ 자기 조직화(self-organization): 커뮤니티는 회원들이 선호하는 방향으로 진화한다.

온라인 커뮤니티는 인터넷 기술을 발전으로 지리적으로 멀리 떨어져 있는 사람들도 쉽게 만날 수 있는 장소가 되었으며 정보교환을 할 수 있는 공간이 되었다. 모든 온라인 커뮤니티는 아래와 같은 특성을 가진다(Krishnamurthy, 2003).

① 비공간적(aspatial) : 회원들 간에 지리적으로 떨어져 있더라도 상호작용하는데 문제가 없다.

② 비동시적(asynchronous) : 이메일이나 게시판과 같이 정보교환이 동시적으로 일어나지 않을 수 있다는 것이다. 그러나 채팅(chat)은 예외적으로 동시적이라 할 수 있다.

③ 비육체적(acorporal): 가상공간에서는 다른 사람의 모습을 보지 못하고 의사소통하는 경우가 많다.

④ 비지위적(astigmatic): 다른 사람의 나이, 성, 오피스 크기 등을 보지 않은 상태에서 상호작용이 일어나므로 서로간의 지위나 명예가 숨겨져 있다.

⑤ 익명성(anonymous): 인터넷 커뮤니티에서 많은 상호작용이 서로 이름을 모르는 상태에서 일어난다.

온라인 커뮤니티에 참여하는 이유는 아래와 같다.

① 사회화: 커뮤니티는 사람들을 만나고, 놀이를 하고, 이야기하기 위해 생성된다. 게시판(bulletin board)과 채팅방(chat room)을 이용한다.

② 공동의 관심과 작업: 공통적으로 관심을 가지는 이슈나 토픽이 있는 경우 서로 토론하고 정보를 교환한다. 지리적으로 분산되어 작업하는 사람들이 서로 온라인상으로 만나고 정보를 교환한다. 건강, 비즈니스, 투자, 취미, 종교, 음악 등에 관한 대화를 즐기고 토론한다.

커뮤니티 모델이 생존하려면 이용자가 충성도를 가지고 커뮤니티를 이용해야 한다. 수익은 상품이나 서비스를 사용자들에게 판매하거나 커뮤니티의 성격에 맞는 광고를 하여 창출할 수 있다. 커뮤니티 모델의 예를 들면 아래와 같다(Rappa, 2008).

오픈 소프트웨어 프로그램: 프로그램 소스 코드의 개방을 지향하는 전 세계 프로그래머들이 커뮤니티를 형성하여 프로그램 공유를 통해 협동적으로 개발한 소프트웨어를 말한다. 소프트웨어 제품을 수수료를 받고 대여 하는 대신 시스템 통합, 소프트웨어 제품 지원, 튜토리얼, 사용자를 위한 설명서 등을 판매하여 수익을 얻는다. 오픈 소스의 예로서 Red Hat이 있다. Red Hat은 리눅스를 배포한 제작회사로서 소프트웨어는 무료로 제공하지만 매뉴얼이나 컨설팅과 같은 지원은 유료로 제공한다.

오픈 콘텐츠: 커뮤니티에 자발적으로 참여하여 콘텐츠 개발에 기여하고 누구든지 자유롭게 접근할 수 있도록 개방된 콘텐츠를 말한다. 오픈 콘텐츠의 예로서 Wikipedia.org가 있다.

사회적 네트워킹 서비스: 개인들이 전문분야, 취미 등 관심사에 따라서 다른 사람들과 접촉할 수 있도록 해주는 사이트를 말한다. 모이는 사람들의 관심사와 관련되는 광고를 게재할 수 있다. 한국의 사회적 네트워킹 서비스 사이트의 예를 들면 싸이월드(cyworld.com), 아이러브스쿨(iloveschool.co.kr), 네이버 카페, 다음의 카페 등이 있다. 미국 사이트로는 Facebook.com과 Myspace.com이 있다. 오프라인에서 만난 친구가 싸이월드 미니홈피에 방문하기를 요청하면 싸이월드에 회원 가입을 하게 되고 온라인상에서 만나게 된다.

3.3 기업간 전자상거래 비즈니스 모델

기업간 전자상거래의 비즈니스 모델로서 전자유통업자를 여기에 설명한다. 제품이나 서비스를 개별 기업에게 직접 공급하는 회사를 전자유통업자(e-distributor)라고 한다. 공급하기 위해 필요한 제품은 그 제품의 공급자로부터 구매한다. 예를 들면 MRO(maintenance, repair, and operation)를 다른 기업에 공급하는 회사는 기업간 전자상거래를 할 수 있다. MRO란 유지 보수 운영을 위해 투입되는 자재로서 사무용품, 공구류, 인쇄물품 등이 있다. MRO는 생산에 직접 투입되지 않는 물품이다. MRO를 공급하는 회사로부터 MRO 물품을 구매하여 MRO를 필요로 하는 다른 회사에 판매하는 것을 전자적으로 수행한다. 신세계 MRO는 기업고객이 원하는 MRO의 구매를 대행해주는 MRO 유통업자이다(그림 3-13).

그림 3-13 전자유통업자

3.4 수익모델 실행의 이슈

회사가 여러 가지 수익모델을 실행할 때 일어나는 이슈를 설명하고자 한다. 전자적 채널의 도입으로 발생하는 채널갈등, 유통관리, 효과적 웹사이트, 웹 커뮤니케이션에 대해 아래에 설명한다.

3.4.1 채널갈등

회사가 웹사이트를 통해 일반 소비자에게 상품을 직접 판매하면 기존의 중간상인들은 매출 기회를 잃어버린다고 생각할 것이다. 그래서 백화점이나 기타 소매점과 같은 기존의 유통망과 웹사이트 사이에 갈등현상이 생긴다. 만약 전자제품을 백화점과 대리점을 통해 판매하여온 전자회사가 웹사이트를 통해 더 저가로 판매한다면 기존의 유통업체 관리자는 제조업체에 대해 고객상실에 대한 불만을 가지게 될 것이다. 이것을 채널갈등(channel conflict)이라 한다. 채널갈등은 수익모델을 실행하는데 있어서 생기는 하나의 이슈가 된다. 채널갈등은 기업이 자신의 웹사이트를 통해 판매하면 기존의 판매 혹은 유통망을 방해하게 될 때 발생한다.

만약 한샘 인테리어 가구를 판매하는데 있어서 대리점을 통해 판매하는 상품을 동일하게 한샘의 웹사이트를 통해서도 판매한다면 대리점들의 불만을 사게 될 것이다. 그것도 웹사이트를 통해 동일한 물품을 더 저렴하게 판매한다면 한샘 본사와 대리점의 갈등이 생길 것이다. 이 경우 한 가지 해결방안은 대리점을 통해서는 가구를 맞춤 주문받아 고급으로 제작하여 주고 웹사이트를 통해서는 저렴하게 하되 상대적으로 품질이 낮은 표준화된 상품을 판매할 수 있을 것이다. 다시 말해서 두 채널에 있어서 취급하는 상품을 다르게 할 수 있다.

3.4.2 전략적 제휴와 채널유통관리

두 개 이상의 회사가 장기간 협력하여 기업활동을 수행할 때 전략적 제휴를 맺었다고 한다. 회사들이 전략적 제휴를 형성할 때 네트워크 조직의 형태로 운영하고 있다. 제조회사와 유통회사간에 전략적 제휴를 체결할 수 있다. 예를 들면, Levi라는 회사는 의류 제품을 만들어 백화점이나 소매상을 통해 판매하여 왔다. Levi는 소매상들과 전략적으로 제휴하여 그들에게 Levi의 웹사이트 공간에서 Levi의 제품을 판매하도록 하고 있다.

전략적 제휴의 다른 유형으로는 채널유통관리회사와 소매상간의 협력이다. 예를 들면 Handleman이라는 채널유통관리를 담당하는 회사는 소매점의 음악 제품 판매에 전문화하였다. Wal-Mart, Kmart와 같은 대규모 소매상들은 Handleman에게 그들 상점 내의 음악 CD의 재고와 판매관리를 위탁하였다. Handleman이 소매상들을 위하여 음악CD의 재고수준을 체크하고, 상품을 주문하고, 제품진열을 관리하며, 그리고 광고활동도 수행한다.

3.4.3 효과적인 웹사이트

좋은 웹사이트는 좋은 기업 이미지 창출에 도움이 된다. 웹사이트는 상품 팸플릿과 진열장으로서의 역할을 하며 고객과 접하는 장소가 되기도 하기 때문이다. 웹사이트는 아래와 같은 목표를 달성할 수 있어야 한다.

- 방문객을 웹사이트로 끌어온다.
- 방문객이 머무르면서 흥미있게 항해할 수 있다.
- 정보를 얻기 위해 사이트의 연결을 따르도록 한다.
- 조직의 이미지와 일관적인 인상을 창출한다.
- 방문객과 신뢰할 수 있는 관계를 구축한다.
- 방문자가 재방문할 수 있도록 한다.

웹사이트를 방문하는 고객들의 사이트 방문 동기는 아래와 같다.

- 회사 제품의 이해
- 상품의 구매
- 제품 보증, 서비스, 고장수리 방침에 대한 정보 획득
- 회사에 대한 일반적 정보 획득
- 투자 결정을 위한 재무정보 획득
- 사람이나 부서에 대한 접촉 정보 획득
- 회사 관리자 정보 획득

3.4.4 웹에서 커뮤니케이션의 성격

기업은 제품을 고객에게 판매하기 위해서 소비자들에게 상품을 알리고 거래방식과 조건을 전달하고 주문을 받고 고객의 대금지불을 처리할 수 있어야 한다. 고객은 상품을 구매한 후에도 사용방법을 문의하거나 서비스를 신청한다.

기업이 고객과 커뮤니케이션 할 수 있는 방법에는 매스미디어, 웹, 그리고 개인적 접촉이 있다. 개인적 접촉은 종업원이 직접 고객을 찾고 만나는 것이다. 자동차 판매원이 잠재고객과 만나서 자동차의 특징과 가격 등에 관한 이야기를 하는 것은 일 대 일의 관계이다.

매스미디어(mass media)에는 신문, TV, 라디오 등이 있다. 매스미디어를 이용하여 기업 자체와 취급하는 제품을 광고하고 여러 가지 촉진활동을 전개할 수 있다. 기업이 광고 메세지를 제작하여 불특정 다수의 소비자에게 전달하는 것이므로 일 대 다수의 방식이라 할 수 있다. 웹은 매스미디어도 아니고 개인적 접촉도 아닌 새로운 형태의 커뮤니케이션 모드로 볼 수 있다. 다수의 고객이 하나의 웹사이트를 방문할 수 있고 하나의 고객이 정보를 얻기 위해 여러 웹사이트를 방문할 수 있다. 예를 들면, 필요한 도서를 찾기 위해 인터넷 서점을 방문하고 여러 책들을 검토하고 보다 구체적 정보를 회사에 문의할 수도 있다.

| 연습문제 |

1. 비즈니스 모델의 개념과 주요 요소를 설명하시오.
2. B2C 전자상거래 비즈니스 모델에 대해 설명하시오.
3. 채널갈등과 갈등 해소 방안에 대해 설명하시오.

〈주요용어〉

가치제안
수익모델
전자소매상
포털
온라인 커뮤니티

제4장 B2C 전자상거래

본 장에서는 B2C 전자상거래에서 소비자가 인터넷 쇼핑 시에 관심을 가지는 요소들과 전자소매 비즈니스 모델을 먼저 소개한다. 그 다음 B2C 전자상거래로서 여행과 관광 서비스, 온라인 금융에 대한 설명을 한다. 마지막으로 인터넷 기업의 관리자가 관심을 가져야 할 고객 충성도, 신뢰, 고객만족, 시장조사의 토픽을 다룬다.

4.1 전자소매업

4.1.1 전자소매업의 개념

소매업자는 판매 중간상인(sales intermediary)으로서 제조업자와 고객의 사이에서 운영하는 판매자이다. 물리적 세계에서는 고객은 상점을 방문하여 상품을 구매한다. 기업은 제품을 효율적으로 유통시키기 위해 소매상을 이용한다. 카탈로그 판매를 하면 물리적 상점을 반드시 필요로 하지는 않는다. 고객은 가정에 배달되어 온 카탈로그를 원하는 시간에 보고 구매 할 수 있다.

전자소매업(electronic retailing 혹은 e-tailing)은 온라인 소매업이라고도 하며 흔히 인터넷을 통해 상품이나 서비스를 개인 고객에게 판매하는 것을 의미한다. 그러나 온라인 소매업자(e.g., Amazon.com)가 개인뿐만 아니라 기업고객에게도 상품을 판매하는 경향이 있다.

인터넷에서 잘 팔리는 상품은 컴퓨터와 전자제품, 스포츠 상품, 사무용품, 도서와 음악, 장난감, 건강용품, 의복, 금융서비스, 자동차 등을 포함한다. 전자 소매업이 성공하기 위해서는 아래와 같은 특성을 가지는 것이 좋다.

- 높은 브랜드 인지도(e.g., 갤럭시)
- 유명 업체의 품질 보증(e.g., 보석: 금반지)
- 디지털화된 포맷(e.g., 소프트웨어, 음악)
- 상대적인 저가품(e.g., 사무용품)
- 자주 구매하는 품목
- 표준적인 상품(e.g., 도서, CD)
- 잘 알려진 패키지화된 상품(e.g, 영양제)

4.1.2 소비자의 인터넷 쇼핑 관심 요소

소비자가 쇼핑을 할 때 관심을 가지는 요소는 정보(information), 가격(price), 구색(assortment), 편리성(convenience), 그리고 오락성(entertainment)이다. 인터넷 소매업자는 이 요소들을 이용하여 경쟁사와 차별화 할 수 있으므로 이들 요소들에 대해 소비자가 원하는 것을 이해할 필요가 있다.

정보: 제품의 품질, 특성, 이용에 관한 정보

가격: 제품의 가격, 저가에 대한 보장, 할인 행사 등

구색: 특정 유형의 제품 깊이, 취급하는 제품의 다양성

편리성: 쇼핑 시간, 장소 및 프로세스의 편리성

오락성: 쇼핑이 재미있고 즐거운 정도

위 요소들의 영문자를 약어로 표현하면 iPACE가 되며 이들을 아래에서 보다 자

세히 설명한다(Hanson & Kalyanam, 2007).

(1) 정보

쇼핑을 하는 사람들의 가장 기본적인 요구는 정보이다. 그림 4-1은 소비자 쇼핑 주기에서의 단계를 보여주며 각 단계마다 필요한 정보가 있다.

1. 제품을 탐색하다
2. 제품에 대한 일반적 정보를 얻다
3. 대체적 방안을 평가하다
4. 주문을 하다
5. 구매 후 통보를 받다
6. 반품하다

그림 4-1 소비자 쇼핑 주기

첫 단계는 소비자가 필요로 하는 제품을 찾는 것이다. 과거 구매경험, 브랜드 명성, 최근의 기업의 광고 등을 고려하여 관심이 있는 제품을 일차적으로 정할 것이고 제품비교 사이트나 전자소매 웹사이트에서 그 제품에 대한 정보를 검색할 것이다. 둘째 단계에서 제품의 특성, 사용법과 편익 등에 대한 제품에 대한 자세한 정보를 필요로 할 것이다. 세 번째 여러 가지 제품을 비교할 필요가 있다. 제품들에 대해 가격, 특성을 비교하기도 하고 옷이나 건강 제품처럼 제품에 대한 비교 판단을 하기 위해 경험을 해볼 필요가 있는 것도 있다. 넷째 단계에서는 주문을 하는 단계이다. 배송 수단과 기간, 지불방식 등에 대한 정보가 필요할 것이다. 다섯째 단계는 소비자가 판매자로부터 주문접수를 하였다는 통보를 받는 것이다. 마지막 단계에서 소비자가 배송된 상품을 인도받고, 문제가 있으면 소비자가 구매물품을 반품하는 수도 있다.

(2) 가격

소비자들이 온라인으로 쇼핑을 하는 가장 기본적인 이유는 물리적 매장 보다 저렴한 가격과 거래하는데 소요되는 비용을 절감할 수 있기 때문이다. 가격을 비교하기 위해서 가격 비교사이트를 이용할 수 있고 같은 상품을 취급하는 여러 사이트를 직접 방문하여 가격과 배송비 등의 조건을 쉽게 비교할 수 있다. 전자 소매상이 저가에 판매할 수 근거는 물리적 매장을 관리하는데 필요한 비용 보다 가상 상점의 관리가 비용이 더 적게 소요되기 때문이다. 또한 제조업자나 대규모 도매상이 다른 중간상인을 거치지 않고 전자상점을 통해 직접 소비자에게 판매하는 경우 중간상인이 누리는 마진만큼 더 저가에 판매하는 것이 가능해질 수 있기 때문이다.

가격 비교 사이트를 통해 같은 모델이라도 유통 점포에 따라 상품의 가격이 다르다는 것을 알 수 있다. 소비자는 구매하기 전에 관심을 가지는 상품의 가격을 비교하여 가장 저렴하게 판매하는 쇼핑몰을 검색하고 구매할 수 있다. 이러한 가격 비교 서비스는 인터넷 쇼핑몰간에 가격 경쟁이 일어나게 한다. 2003년에 인터넷 가격 비교 사이트를 통해 발생하는 매출은 1조원이 넘어섰다. 국내 주요 가격 비교 사이트는 아래와 같으며 상위에 속하는 사이트들은 손익분기점을 넘기고 있다(한국경제, 2003. 7. 24).

- 에누리(www.enuri.com): 인터넷 쇼핑몰 가격 비교
- 마이마진(www.mm.co.kr): 인터넷 쇼핑몰 가격 비교
- 오일프라이스워치(www.oilpricewatch.com): 기름값 가격 비교
- 다나와(www.danawa.co.kr): 컴퓨터 부품 가격 비교

(3) 구색

전자상점은 물리적 매장 보다 많은 상품 구색을 갖출 수 있다. 다양한 제품들의 여러 가지 모델들이 전자 카탈로그에 진열되어 있으며 각 상품에 대한 자세한 내용

을 소비자가 살펴보고 원하는 상품을 찾으면 구매 후기도 참조하여 구매할 수 있게 된다. 이러한 상품들을 언제 어디서든지 구매할 수 있으므로 소비자들이 전자 쇼핑몰을 찾게 된다.

전자소매 매장을 관리하는 입장에서 보면 전자카탈로그에는 수많은 상품을 포함시키더라도 상품 하나당 추가적으로 지출되는 비용이 물리적 매장에 비해서 적다. 물리적 매장에 진열된 상품은 자리를 차지하고 있으므로 판매가 되어서 이익을 올려주어야 한다. 전자카탈로그에 올라온 상품은 그러한 부담이 상대적으로 적다고 볼 수 있다. 또한 전자카탈로그에 올라온 상품의 내용이 변경되더라도 용이하게 수정할 수 있다.

온라인 소매점에서는 물리적 상점에 비해서 재고관리가 용이하다. 물리적 매장은 최소한의 재고를 보유하면서 판매하는 것이 보통이지만 전자상점은 적절한 지역에 재고를 보유하면 된다. 또한 전자소매점은 고객의 주문을 받아서 유통업자나 상품 공급업자에게 넘겨주면 그들이 직접 고객에게 배송한다. 이러한 방식이 많은 종류의 상품을 취급하는 전자소매상에게 이점이 된다.

(4) 편리성

인터넷을 통해 전자적 쇼핑몰을 방문하여 필요한 상품을 검색하고 필요한 정보를 얻고 구매하는 이유 중에 하나는 편리함이다. 주말에 쇼핑을 하기 위해 복잡한 도심지를 운전하고 유료 주차를 하고 매장을 찾기 위해 돌아다니는 것은 매우 힘든 일이다. 집이나 사무실에서 간단한 상품을 쇼핑하는 것은 시간과 비용을 절감하고 편리하게 원하는 상품을 구입하는 방안이 된다.

(5) 오락성

인터넷을 이용하는 것은 많은 정보도 얻지만 즐거움도 주기 때문에 매일 좋아하는 웹사이트를 방문하게 된다. 카페도 있고 블로그도 있어서 동일한 취미나 관심사를 가진 사람들끼리 의견을 교환하고 즐길 수 있다. 쇼핑 자체도 오락성이 있어서 즐거움을 준다. 좋아하는 상품을 보고 다른 사람이 올린 게시판의 글을 보며 상품을 평가하고 구매하는 것은 소비하는 즐거움을 준다. 따라서 전자상점은 편리함과 더불어 즐거움을 주는 장소가 되어야 한다.

4.2 전자소매 비즈니스 모델

소매업자는 일반적으로 최종소비자에게 직접 판매하는 영업을 한다. 전자소매업자는 인터넷 상에서 가상상점을 운영하면서 웹사이트를 방문하는 고객에게 상품을 판매한다. 전자소매업자는 제조업자 혹은 도매상으로부터 상품을 구매한 후 소비자에게 재판매한다. 따라서 그림 4-2에서 B2C는 오른쪽에 나타나 있고 왼쪽에는 B2B가 나타나 있다.

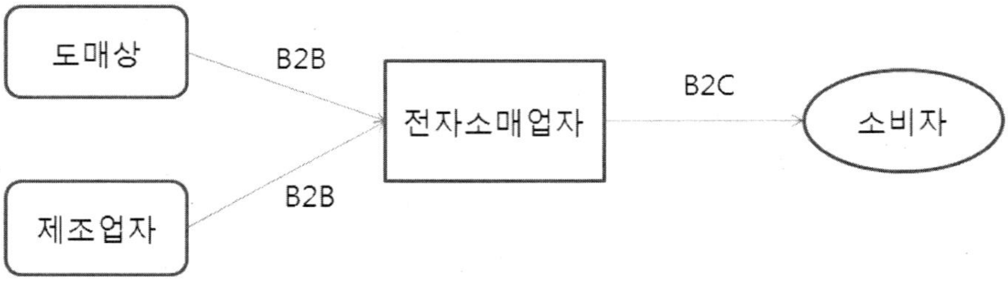

그림 4-2 전자소매업자

비즈니스 모델은 기업이 그 운영을 통해 어떻게 수익을 창출하는가를 말한다. 수익을 창출하려면 고객이 누구인지가 분명해야 하겠고 무슨 제품이나 서비스가 고객들에게 제공되는지가 정해져야 한다. 전자소매 비즈니스 모델은 여러 가지 방식으로 분류할 수 있으나 유통채널에 따라서 분류하면 우편주문회사나 제조업자의 직접 마케팅, 순수 전자소매상, 복합채널소매업자, 그리고 오픈마켓이 있다.

(1) 직접마케팅

직접 마케팅(direct marketing)이란 중간상인 없이 제조회사가 직접 개인 고객에게 판매하는 것을 말한다. 중간상인이란 도매상이나 소매상을 가리킨다. 인터넷과 같은 정보통신망을 이용하기 때문에 최종 소비자가 직접 제조업자의 웹사이트에 방문하여 주문하는 것이 가능해진다. 그런데 직접 마케팅이란 용어를 이용하는데 있어서 판매자가 반드시 제조업자이어야 하는 것은 아니다. 우편으로 주문을 받던 회사가 직접 소비자로부터 온라인으로 주문을 받는 경우도 직접 마케팅이 된다. Dell은 컴퓨터 제조업자로서 주로 주문생산방식과 함께 직접마케팅 전략을 택하고 있다.

탈중개화(disintermediation)란 공급사슬에서 중간상인이 제거되는 현상을 말한다. 도매상이나 소매상과 같은 중간상인 없이 제조업자가 직접 소비자와 거래하게 되면 유통경로가 단축되었다고 볼 수 있다. 중간상인이 없다면 중간상인의 이윤이 제거되므로 가격을 판매자가 더 내릴 수도 있다. 인터넷을 통해 제조업자 혹은 생산자가 직접 소비자에게 상품정보를 제공하고 맞춤 주문을 받을 수도 있으며 판매 후

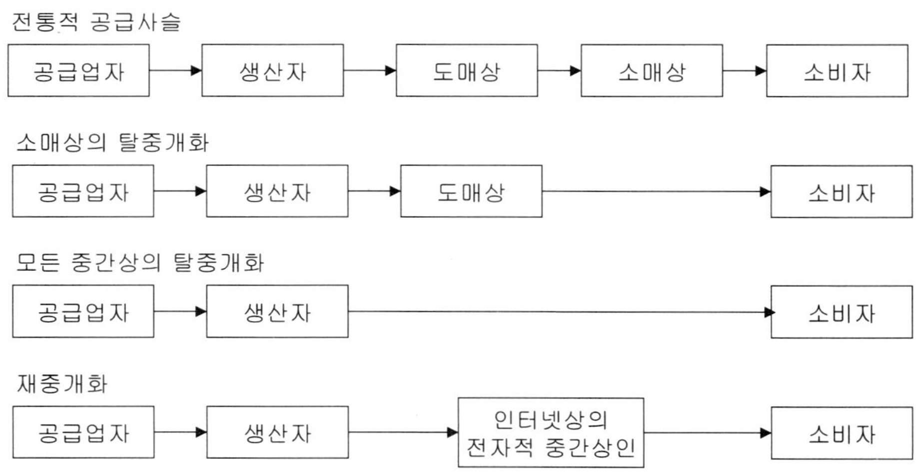

그림 4-3 B2C 공급사슬에서 탈중개화와 재중개화

서비스까지 처리할 수 있다. 그림 4-3에서 보는 바와 같이 생산자와 소비자 사이에 가상공간의 중간상인이 개입하는 경우 재중개화되었다고 본다. 전자상점에서 소비자의 주문을 직접 받는 전자소매상은 전자적 중간상인이라 할 수 있다. 그러므로 인터넷이 확산된다 하더라도 중간상인이 없어지는 것은 아니다.

(2) 순수 전자소매상

순수 전자소매상(pure-play e-tailer)은 물리적 채널 없이 인터넷을 통해 직접 소비자에게 판매하는 기업이다. 어떤 전자소매상은 여러 가지 종류의 제품을 취급한다. Amazon.com은 전형적인 순수 전자소매상으로서 도서 외에도 여러 가지 종류의 상품을 많은 소비자를 대상으로 판매한다. 또 다른 종류의 순수 전자소매상은 한 가지 종류의 상품(e.g., 꽃)을 전문적으로 판매하기도 한다.

(3) 복합채널 소매상

복합채널 소매상(click-and-mortar retailer)은 전통적인 물리적 소매상점과 온라인 상점을 통한 판매 모두를 갖춘 소매상이다. 물리적 상점과 온라인 거래를 위한 상점 모두 운영하는 경우 두 가지 이상의 채널을 이용하므로 복합채널이라 한다. 예를 들어, 교보문고는 한국내 물리적 상점을 주요 도시에 운영하면서 동시에 인터넷 교보문고를 운영하고 있다. 반면에 인터넷을 이용하는 온라인 채널이 없이 물리적 점포만 운영하는 소매상을 전통적인 굴뚝형 소매상(brick-and-mortar retailer)이라 할 수 있다.

(4) 오픈마켓

오픈마켓은 웹사이트를 구축하여 전자적 장터를 만들고 판매자와 구매자들이 만나 거래를 하도록 시장을 조성해준다. G마켓, 인터파크, 옥션과 같은 오픈마켓에서 전자상점을 운영하는 입점업체는 상품 판매에 따른 거래수수료를 오픈마켓에 지불한다. 오픈마켓 자체는 개인이 구축한 인터넷 쇼핑몰에 비하여 잘 알려져 있어서 고객을 찾기는 쉽지만 판매자간에 가격 경쟁은 심하다고 할 수 있다.

4.3 여행과 관광 서비스

왜 온라인 여행 서비스가 널리 이용되는가? 온라인 여행 사이트는 여행객들에게 여러 가지 유용한 정보와 서비스를 제공하기 때문이다. 구체적으로 고객들은 아래와 같은 전자적 서비스를 웹사이트를 통해 얻을 수 있다.

- 여행 관련 콘텐츠: 휴가 관련 시설이 어디에 있는지 알 수 있다.
- 커뮤니티: 게시판을 통해 다른 사람들의 의견을 알 수 있다.
- 상거래: 여행 관련 서비스 상품을 구매한다.
- 서비스: 콜센터를 통해 서비스를 받는다.

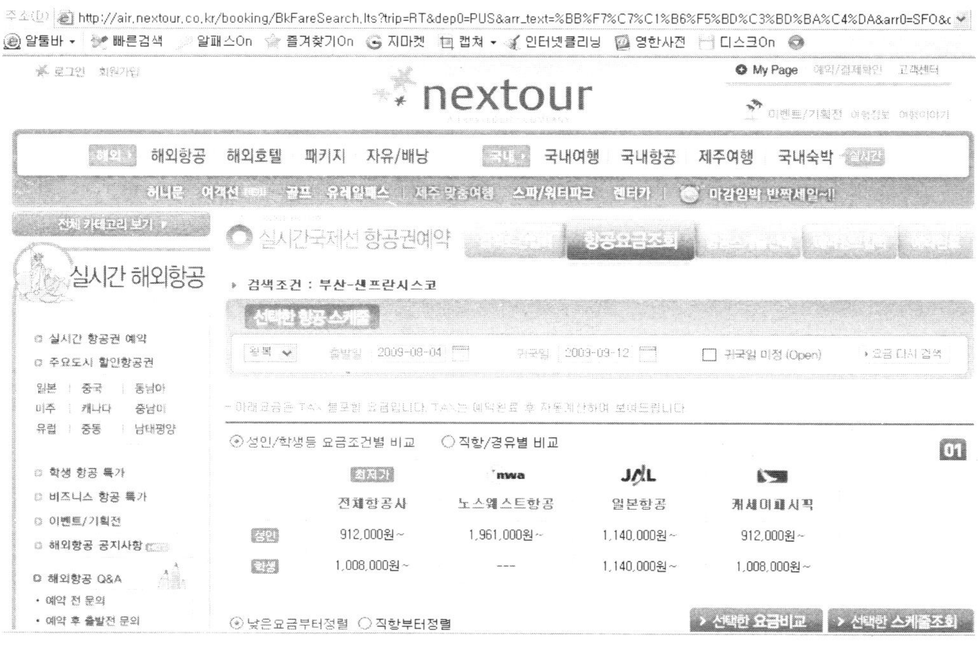

그림 4-4 넥스투어(nextour.co.kr: A travelocity company)

온라인 여행사들은 물리적 점포를 기반으로 운영하는 여행사들 보다 많은 정보를 제공하고 여행 상품을 취급한다. 고객은 온라인 여행사를 방문하면 다양한 호텔, 렌터카, 항공 일정을 접하고 선택할 수 있다. 여행 상품은 물리적 형태가 없는 정보 집약적 상품이며 관련 정보의 탐색, 일정 계획, 상품 비교, 예약, 지불 등을 온라인으로 할 수 있는 디지털 상품이다. 미국의 Travelocity, Expedia와 같은 온라인 여행사들은 물리적 점포 없이 웹상에서 많은 고객을 접할 수 있다. 그림 4-4는 온라인 여행사 nextour.co.kr에서 항공요금을 조회한 결과를 보여준다.

온라인 여행사들은 다른 온라인 여행사들과 가격경쟁을 하기가 어렵다. 왜냐하면 쉽게 다른 사이트 가격을 알 수 있기 때문이다. 대신에 얼마나 다양한 종류의 상품을 취급하는지, 웹사이트와 정보시스템 이용이 얼마나 쉬운지, 어떤 지불 시스템을 갖추고 있는지, 얼마나 개인화된 서비스를 제공하는지 등 비가격 요인으로 경쟁을 하게 된다.

항공사, 호텔, 자동차 대여회사 등은 글로벌 유통업자나 여행사와 같은 중간상인을 통해 티켓을 여행객들에게 판매하여 왔다(그림 4-5). 그러나 항공사나 호텔 등의 공급자들은 가능하면 중간상인을 거치지 않고 고객들에게 판매하기 위해 자체적인 웹사이트를 이용하기도 한다(e.g., alamo.com). 그러나 온라인 여행사는 웹상에서 여전히 중간상인으로서의 역할을 하고 있다. 고객들은 온라인 여행사가 가진 풍부한 정보와 상품 때문에 그들을 방문할 것이다.

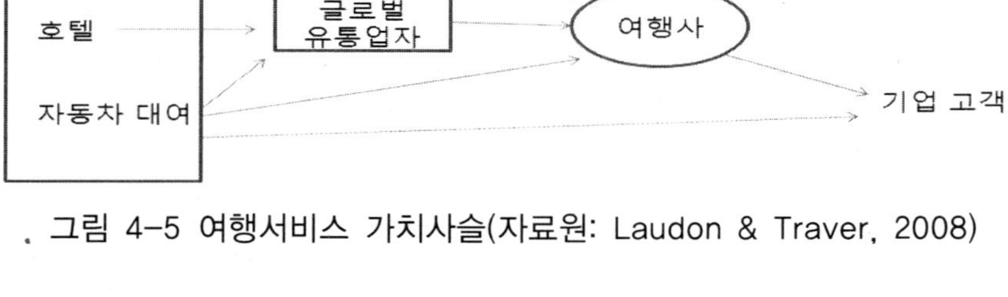

그림 4-5 여행서비스 가치사슬(자료원: Laudon & Traver, 2008)

4.4 온라인 금융 서비스

금융 산업은 은행, 보험, 증권 분야를 포함한다. 금융 산업의 기업들은 고객들에게 아래와 같은 서비스를 제공한다.

- 자금의 저축과 대출: 은행(e.g., 국민은행, 기업은행, 부산은행)
- 자산보호와 위험관리: 보험(삼성화재, 현대해상)
- 투자와 자금관리: 증권(대우증권, 키움증권, 미래에셋증권)
- 신용과 지불시스템: 은행, 신용카드(삼성카드, 현대카드)

4.4.1 금융통합 서비스

최근 금융 서비스 산업은 세계적으로 추세적으로 변하고 있다. 하나의 추세는 금융 서비스 간의 통합이다(그림 4-6). 은행, 보험, 증권 서비스를 별도의 기업이 제공하여 왔다. 은행은 보험을 취급하지 못하고 보험회사는 은행 업무를 취급하지 못했다. 은행이 증권 업무를 취급하지 못하였다. 그러나 이제 이러한 벽이 무너지고 있다. 세 가지 서비스가 통합되어 하나의 금융기관이 제공할 수 있는 방향으로 변하고 있다. 이것은 금융기관의 대형화를 의미하기도 한다.

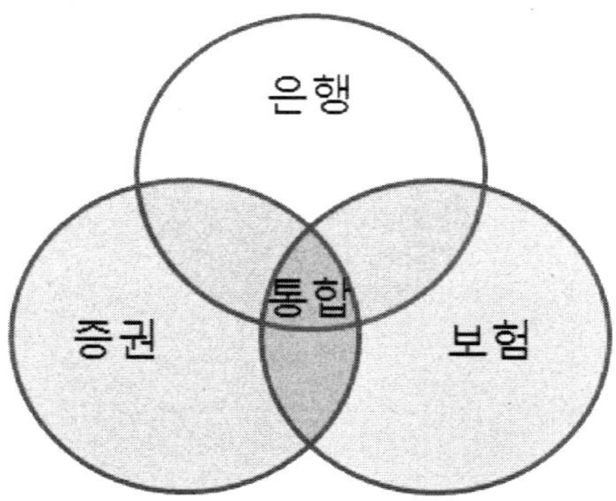

그림 4-6 통합 금융 서비스
(자료원: Laudon & Traver, 2008)

2009년 한국의 증권사도 은행에서 실시하여 오던 소액결제 서비스를 시행하게 되었다. 소액결제서비스란 금융기관 간의 거액 결제에 대비되는 개념으로 개인간 혹은 개인과 기업간 자금결제를 말한다. 소액결제라고 하지만 은행거래처럼 개인이 필요한 자금 결제는 가능하다. 그래서 개인이 지로, 공과금을 은행뿐만 아니라 증권사 창구를 통해 납부하거나 CMA(종합자산관리계좌)로 결제하는 것이 가능하다(한국경제, 2009. 7. 22). CMA(Cash Management Account)는 자금을 기업어음, 양도성 예금증서, 국공채 등에 투자하여 얻은 수익으로 일정한 이자를 고객에게 지급하는 금융상품이다. CMA 계좌를 급여이체와 신용카드 사용요금 납부계좌로 이용할 수 있다.

4.4.2 금융포털

금융포털(financial portal)은 금융상품의 비교, 재무상담과 투자계획 등의 서비스를 제공하는 사이트이다. 금융포털은 은행, 증권, 보험 등 금융 분야의 정보를 제공

그림 4-7 금융포털: 모네타(www.moneta.co.kr)

한다. 이 사이트를 방문하면 여러 가지 금융상품에 대한 정보를 얻을 수 있고 또한 금융상품을 비교할 수 있다.

금융포털은 금융 분야에 관심 있는 소비자들을 대상으로 웹사이트에 광고를 하여 수익을 창출하거나, 참조수수료를 다른 회사(광고주)로부터 받거나, 회원들로부터 구독료를 받을 수 있다. 금융포털 모네타(www.moneta.co.kr)는 예금, 대출, 펀드, 보험, 부동산, 증권 등에 관한 정보를 제공하는 사이트이다(그림 4-7). 다른 금융포털로서 머니OK(www.moneyok.co.kr), 인스밸리(www.insvalley.com)가 있다. 야후 금융(kr.finance.yahoo.com)은 증권, 보험, 재테크에 관한 정보를 제공하는 포털이다.

4.4.3 계좌통합

계좌통합(account aggregation)은 고객의 금융계좌의 상태와 거래내역을 하나의 웹사이트에서 볼 수 있도록 통합해주는 것이다. 한 곳에서 은행, 증권, 보험, 포인터

그림 4-8 계좌통합서비스: 네이버(http://acct.naver.com/)

적립 등을 모두 볼 수 있다. 전체 자산의 포트폴리오를 한 눈에 볼 수 있다. 거래하는 금융기관의 웹사이트를 일일이 방문할 필요가 없다.

그림 4-8은 네이버 금융이 제공하는 계좌통합 서비스이다. 네이버 통합계좌조회 서비스에서는 예금, 적금, 대출, 신용카드, 주식, 펀드, CMA 정보를 제공한다. 예금 계좌에 대해서 현재잔고 뿐만 아니라 거래내역 정보를 제공한다. 주식투자 계좌에 대해서는 위탁계좌별로 잔고와 실시간 평가금액 등 자세한 정보를 제공한다. 신용카드에 대해서는 청구내역과 승인내역을 볼 수 있다. 금융 포털 사이트로서 네이버 금융 외에도 핑거(www.finger.co.kr), 뱅크다(www.bankda.com)가 있다.

4.4.4 인터넷 뱅킹

인터넷 뱅킹이란 은행의 홈페이지에서 예금 가입, 송금, 대출 신청, 신용카드 서비스 등 모든 은행 업무를 처리하는 온라인 금융 서비스를 말한다. 인터넷 뱅킹의 장점은 시간 절약, 장소에 상관없이 은행 거래를 하는 것, 생활의 편리성, 송금 수수료 절약, 높은 예금 금리와 낮은 대출 금리와 같은 인센티브 등이다. 해외에서도 인터넷에 접속하면 언제든지 은행 업무를 볼 수 있어 해외 출장자나 이민자들에게도 유용하다. 인터넷 뱅킹은 편리하지만 보안에 유의해야 한다(이민화, 2004).

- 사용자 번호나 비밀번호에 생년월일이나 집 전화번호를 이용하지 않는다.
- 정기적으로 비밀번호를 바꾼다.
- 여러 사람이 사용하는 PC에 공인인증서를 설치하지 않는다.
- 보안카드를 잘 관리한다.
- PC방이나 전산 실습실에서 거래 도중에 자리를 비우지 않고 사용 후 로그아웃을 한다.

스마트폰이 등장하면서 모바일 뱅킹이 가능해져 더욱 편리해졌다. 스마트폰에

그림 4-9 모바일 뱅킹 화면

(자료원: http://www.kbstar.com/)

거래 은행의 앱을 설치하고, 공인인증서를 이용하여 로그인하면 계좌조회, 계좌이체, 스마트폰용 예금과 적금가입이 가능하다(그림 4-9).

4.4.5 온라인 보험 서비스

온라인 자동차보험의 시장점유율은 증가하는 추세였고, 기존의 대부분의 보험회사들이 온라인 자동차보험에 참여하였다. 한국의 온라인 자동차보험시장의 급성장은 주로 가격경쟁력, 광범위한 인터넷 보급, 온라인 자동차보험회사의 마케팅 등에 기인한 것으로 볼 수 있다(이석호, 2007). 온라인 자동차보험의 경우(온라인 다이렉트 보험) 보험설계사 및 대리점과 같은 중간상인을 거치지 않고 직접 상품을 판매함으로써 보험료가 오프라인보다 저렴하다. 그림 4-10에서 위에는 보험회사가 직접 웹을 통해 고객들에게 보험 상품을 온라인 판매하는 것을 나타내고, 아래에는 설계

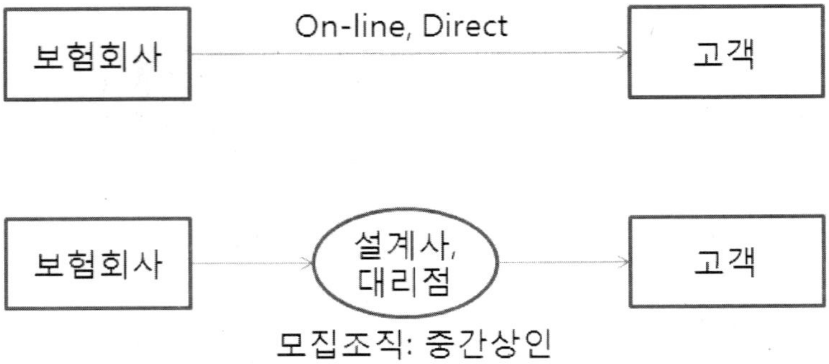

그림 4-10 온라인 보험

(자료원: http://nuegocci,tistory.com/499, 2009. 8. 5 방문)

그림 4-11 온라인 보험: 삼성화재

사나 대리점과 같은 중간상인을 통해 고객들에게 보험 상품을 판매하는 것을 보여준다.

온라인 보험 판매와 다이렉트 보험 판매는 다를 수 있다. 설계사나 대리점이 인터넷과 같은 통신망을 통해 고객에게 보험을 판매한다면 온라인 보험 판매라 볼 수도 있다. 온라인 보험을 보험회사가 직접 판매하는 것은 다이렉트 보험이라 한다(그림 4-10). 그림 4-11은 삼성화재의 온라인 자동차 보험 판매 웹사이트 화면이다.

4.4.6 온라인 주식거래

주식에 투자하기 위해서는 보통 증권회사에 계좌를 개설하고 자금을 입금한 다음 투자할 회사의 주식을 선정하고 적절한 시기에 매수하거나 매도하게 된다. 증권회사는 주식의 매수자와 매도자를 중개하는 서비스를 한다. 실제 주식 거래는 증권회사가 회원으로서 한국거래소(Korea Exchange, www.krx.co.kr)를 통해서 이루어진다. 개인이나 기업의 투자자는 증권회사에 주식매매를 위탁하고 매수와 매도에 대한 수수료를 증권사에 지불하며 매도시에는 증권거래세금을 납부해야 한다. 1990년대 후반 홈 트레이딩 시스템(HTS, home trading system)이 등장하면서 온라인 주식거래는 널리 확산되었다. 미국에서 2005년 이후 주요 증권사는 Ameritrade, Charles Schwab, E*TRADE 등이다. 한국의 증권회사로서는 삼성증권, 대우증권 등이 있다.

(1) 증권회사 종류

미국의 증권회사를 분류하면 종합증권사(full service broker)와 할인증권사(discount broker)로 나누어진다(이재규 등, 2006). 종합증권사는 주식매매의 중개 외에도 투자를 위한 양질의 조사 자료와 함께 투자자문 서비스도 고객들에게 제공한다. 반면에 할인증권사는 투자결정을 투자자가 스스로 한다는 전제하에 주식 거래 중개와 거래 시스템 제공에 집중한다. 대신에 주식 거래수수료가 상대적으로 저렴하다. 종합증권사의 예로는 Merrill Lynch가 있고 할인증권사의 예로는 Charles Schwab, E*TRADE가 있다(홍일유, 이지은, 2008).

증권회사에도 온라인 증권사와 온오프 병행 증권사가 있다. 온라인 증권사는 인터넷 웹사이트를 통해서 고객에게 주식거래에 대한 서비스를 해주며 물리적 지점을 가지지 않는다. 예를 들면, 키움증권(www.kiwoom.com)이 있다. 반면에 온오프 병행증권사로는 한국투자증권, 삼성증권, 대우증권, 현대증권 등 대부분 증권사가 오프라인의 물리적 점포와 온라인의 웹사이트 양 채널을 이용하여 고객 서비스를 하고 있다.

(2) 주식거래 매체

주식거래를 할 수 있는 매체로는 HTS, WTS, 모바일 트레이딩 시스템, ARS, TV

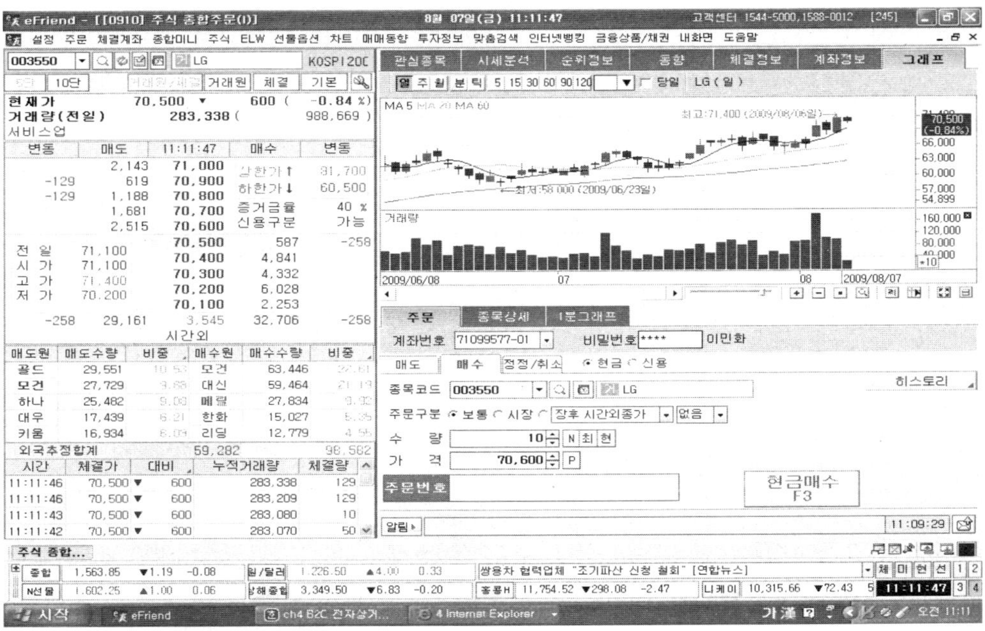

그림 4-12 HTS 화면: 한국투자증권 주식종합주문 화면

가 있다.

HTS(home trading system): 인터넷을 이용하여 실시간으로 증권정보를 얻고 매매주문을 할 수 있는 정보시스템이다. 가정이나 사무실에서 인터넷 접속이 가능하면 HTS를 증권사 홈페이지에서 다운로드 받아서 PC에 설치하고 이용할 수 있다. 가장 많이 이용되고 있는 매체이다(그림 4-12).

WTS(Web trading system): 증권회사 홈페이지를 방문하여 웹 화면에서 주가와 시황에 관한 정보를 얻고 매매주문을 할 수 있는 시스템이다. HTS 보다는 기능이 조금 단순한 편이지만 프로그램을 다운받아 설치할 필요가 없어 간편하다.

모바일 트레이딩 시스템(mobile trading system): 이동 중에 주가와 주요 정보를 조회하고 주식거래를 할 수 있는 시스템이다. 휴대폰이나 PDA를 이용하여 거래할

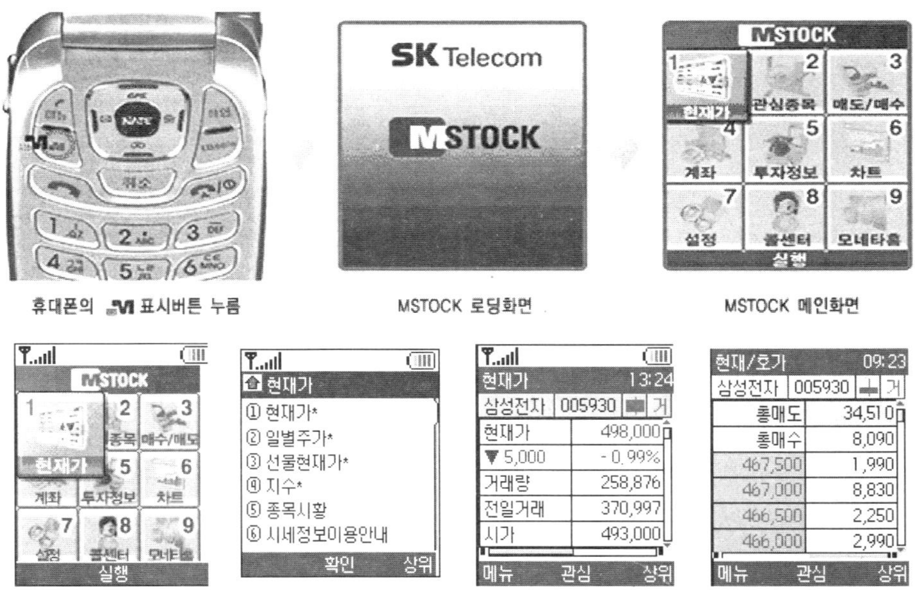

그림 4-13 모바일 증권: MSTOCK

(자료원: www.truefriend.com)

수 있다. 무선 인터넷 접속이 가능한 휴대폰으로 프로그램을 다운로드 받아 HTS와 유사한 화면을 통해 시세정보, 차트를 체크하고 매수 및 매도 주문을 할 수 있다. USIM CHIP 증권서비스는 SK텔레콤, KT의 USIM카드가 탑재된 HSDPA 전용 휴대폰으로 주식거래를 할 수 있다. 금융거래가 가능한 USIM 칩을 구입하여 휴대폰에 장착해야 한다. USIM MSTOCK 혹은 USIM KSTOCK 서비스를 이용하면 된다(그림 4-13).

최근에는 스마트 폰을 이용하는 증권거래도 가능하다. 증권회사에서 계좌를 개설하였다면 모바일 증권거래용 앱을 앱스토어에서 다운로드 받고 공인인증서를 설치하면 된다. 한국투자증권의 eFriend Smart+는 Google에서 제공하는 안드로이드 운영체제 기반 스마트폰에서 주식거래를 포함하는 다양한 서비스를 제공하는 모바

그림 4-14 eFriend Smart+를 이용한 주식거래

(자료원: www.truefriend.com)

일 트레이딩 서비스이다(그림 4-14).

ARS(automated response system): 증권회사에 전화를 하여 자동응답시스템을 이용하여 주식거래를 하는 시스템이다. 주문, 주가와 잔고 조회 등이 가능하다. 각 증권사 홈페이지를 방문하면 전화번호와 코드 등이 안내되어 있다.

(3) 주식거래수수료

주식을 매매하기 위해서는 증권회사에 거래수수료를 지불해야 한다. 일반적으로 사이버트레이딩이 증권사 지점을 방문하여 주문을 하는 것 보다 수수료가 저렴하다. 거래수수료는 증권사 마다 그리고 이용하는 매체마다 다르므로 자신에게 맞는 증권사와 매체를 선택할 필요가 있다.

한국증권 영업점 계좌개설 시

→ 영업점안내

주문매체		HTS / 모바일	ARS
주식	거래소	50만원 미만 : 0.498132% 50만원 이상 ~ 3백만원 미만 : 0.128132% + 2,000원 3백만원 이상 ~ 3천만원 미만 : 0.128132% + 1,500원 3천만원 이상 ~ 1억원 미만 : 0.118132% 1억원 이상 ~ 3억원 미만 : 0.098132% 3억원 이상 : 0.078132% 단, Wise Club 고객 및 2005.06.01 이전 舊 한투증권 HTS 이용 고객께는 통합이전 수수료가 적용됩니다. → Wise Club 수수료 보기 → 舊한투증권 수수료 보기	0.248132%
	코스닥		
	장외단주		
	ELW	HTS : 0.05% 모바일 : 거래소, 코스닥 수수료와 동일	

그림 4-15 주식매매수수료: 영업점

(자료원: 한국증권 홈페이지, 2009. 8. 7)

은행연계 계좌(BanKIS)개설 시

→ BanKIS 전용 페이지

주문매체		HTS	모바일	ARS
주식	거래소	0.015%	50만원 미만 : 0.498132% 50만원 이상 ~ 3백만원 미만 : 0.128132% + 2,000원 3백만원 이상 ~ 3천만원 미만 : 0.128132% + 1,500원 3천만원 이상 ~ 1억원 미만 : 0.118132% 1억원 이상 ~ 3억원 미만 : 0.098132% 3억원 이상 : 0.078132%	0.248132%
	코스닥			
	프리보드			
	ELW			

그림 4-16 주식매매수수료: 은행연계

(자료원: 한국증권 홈페이지, 2009. 8. 7)

한국증권의 경우 영업점에서 계좌를 개설하면 HTS와 모바일 거래 금액 50만원 미만이면 0.498%의 수수료를 매수할 때와 매도 할 때 각기 지불해야 한다(그림 4-15). 그러나 은행 연계 계좌 개설하면 HTS 수수료는 0.015%이다(그림 4-16).

4.5 고객 충성도와 전환비용

고객 충성도(customer loyalty)는 고객이 특정 판매업자나 브랜드를 애호하는 정도를 말한다. 고객 충성도가 높아지면 매출액이 증가하고 이익도 증가할 것이다. 기존 고객을 유지하는 것보다 새로운 고객을 획득하는데 훨씬 많은 비용이 소요된다. 고객 충성도가 높아지면 거래비용이 낮아지고 고객이탈이 줄어들고 기타 마케팅 비용이 감소할 것이다. 고객 충성도가 높아지면 경쟁자로부터 시장을 지키는데 도움이 된다. 전자충성도(e-loyalty)는 고객이 Amazon.com과 같은 전자소매업자에 대해 가지는 충성도이다(Turban et al., 2004).

로열티 프로그램은 고객 충성도를 향상시키기 위해 많이 이용된다. 로열티 프로그램의 대표적인 예는 항공회사들이 제공하는 항공마일리지 프로그램이다. 그림 4-17은 대한항공의 미주지역 마일리지 적립을 보여준다. 마일리지는 보너스 항공권을 받는데 이용할 수 있다. 호텔, 소매점, 식당 등 많은 기업들이 로열티 프로그램을 실시하고 있다. 이발소에서 9번 방문하면 10번째는 무료라는 것도 하나의 로열티 프로그램이다. 보다 적극적인 로열티 프로그램으로서 세이브 포인트제도가 있다. 그림 4-18은 하나은행 비씨카드의 삼성화재 애니카 세이브포인트 제도를 보여주고 있다. 삼성화재 자동차 보험을 구입할 때 미리 정한 금액만큼 할인받고 그 금액을 일정기간 신용카드를 이용한 결과 발생하는 포인트로 매달 상환하는 프로그램이다.

• 국제선

(단위: 마일, 일반석 편도 기준)

일본 | 중국/몽골 | 동남아 | 서남아 | 미주 | 유럽/중동 | 대양주/괌

구간	마일	구간	마일	구간	마일
인천 - 뉴욕	6,882	인천 - 샌프란시스코	5,639	인천 - 토론토	6,814
인천 - 댈러스	6,827	인천 - 시애틀	5,199	인천 - 호놀룰루	4,562
인천 - 라스베가스	6,003	인천 - 시카고	6,543	도쿄 - 로스앤젤레스	5,451
인천 - 로스엔젤레스	5,968	인천 - 애틀랜타	7,135	인천 - 상파울루	11,633
인천 - 밴쿠버	5,092	인천 - 워싱턴D.C.	6,947	로스앤젤레스 - 상파울루	6,153

그림 4-17 로열티 프로그램: 대한항공 마일리지

(자료원: kr.koreanair.com, 2009. 8. 10)

애니카 세이브포인트 적립기준

적립 가맹점	적립율	월 적립한도	비고
SK 주유소	50P/L	9,000P	LPG 제외/월3회/1회 최대 결제 금액 10만원 한도내
이마트, 롯데마트, 홈플러스	5%	10,000P	통합 월 2회
SKT,KTF,LGT	5%	2,500P	월 1건/ 자동이체시 적립
VIPS,아웃백,베니건스,TGIF	5%	5,000P	통합 월 1회
국내 기타 가맹점	0.5%	100,000P	

* 적립조건 : 전월 국내 일시불/할부 사용금액이 10만원 이상
  - SK주유소,이마트,홈플러스,롯데마트 사용금액 제외
  - 카드발급 후 익월말일까지는 사용금액 관계없이 적립
* 적립제외 대상 : 해외이용금액, 보험업종 이용금액, 월 적립한도 초과금액
* 1점(P:포인트) = 1원

그림 4-18 로열티 프로그램: 하나비씨카드의 애니카 세이브포인트

(자료원: www.myanycar.com, 2009. 8. 10)

로열티 프로그램의 목적은 고객 충성도 증진과 매출증대이다. 로열티 프로그램은 또한 고객의 전환비용을 증가시킨다. 장기 거래를 할수록 대출 이자율이 낮아진다면 자주 은행을 바꿀수록 이자율 혜택이 낮아진다. 필요 없이 은행을 변경하면 전환비용만 높아지는 것이다. 로열티 프로그램을 효과적으로 실시하면 한번 거래로 고객과 관계가 끝나는 것이 아니라 관계를 유지하여 반복적 거래를 유발시킬 수 있다.

전환비용(switching cost)은 고객이 제품이나 서비스의 판매자를 변경할 때 일어나는 추가적 비용, 복잡성, 기회비용 등을 말한다. 기업은 충성도가 높은 고객에게 더 많은 관심을 기울여서 고객을 유지하고 더 많은 매출을 올려야 하고 또한 이탈하는 고객에 대비하여 전환비용을 높여서 더 많은 고객을 유지하도록 해야 할 것이다. 세 가지 유형의 전환비용이 있는데 절차적 전환비용, 재무적 전환비용, 그리고 관계적 전환비용이다(Hanson & Kalyanam, 2007).

① 절차적 전환비용은 새로운 거래처로 변경하는데 소요되는 시간과 노력을 말한다. 새로운 공급자와 거래하기 위해서 그 공급자가 제공하는 정보시스템을 배우고 익혀야 한다면 일종의 전환비용이 발생하는 것이다.

② 재무적 전환비용은 관계를 계속하면 얻을 수 있는 편익을 전환함으로써 잃게 되는 것과 전환하는데 따르는 소요 비용을 말한다. 신용카드 회사를 변경하여 누적해온 포인트를 모두 잃게 된다면 일종의 전환비용이며 새로운 거래처를 찾기 위해 지출하는 비용도 전환비용이다.

③ 관계적 전환비용은 거래처 사람들과 형성해 온 인간관계가 단절되고 새로운 거래처 담당자와 익숙해지는데 소요되는 시간과 비용 등을 말한다.

4.6 신뢰

기업이 고객과 거래를 하기 위해서는 고객과 신뢰할 수 있는 관계가 형성되어야 한다. 물리적 세계에서 명성이 있는 경우에는 웹상에서 거래하기가 쉬워진다. 고객이 상품을 판매하는 웹사이트가 누구인지 알기 때문이다. 웹상에서 새로이 비즈니스를 하려는 순수한 온라인 기업은 익명으로 웹상에서 고객과 만나는 상황이므로 신뢰를 구축하는데 좀 더 어려움을 겪을 수 있다. 웹사이트 상의 상인을 신뢰할 수 없다면 그 사이트를 방문하는 고객은 거래하는 것을 꺼리게 되기 때문이다.

신뢰(trust)는 다른 사람이나 조직에 의존하려는 의지에 대한 심리적 상태이다. 사람들이 서로 신뢰할 때는 약간의 위험을 감수하면서도 거래 파트너로서 서로 약속을 지킬 것이라는 자신감을 가진다. 웹상에서 상품의 품질에 대해 상인이 주장하는 것을 얼마나 믿을 수 있는지 배송에 대한 상인의 약속은 얼마나 잘 지켜 질수 있는 것인지 고객이 잘 모른다면 거래가 일어나기 어렵다. 신뢰는 거래 당사자에 대한 신뢰도 중요하고 전자상거래가 이루어지는 기반이 되는 보안장치에 대한 신뢰도 필요하다.

그림 4-19는 전자상거래에 있어서 신뢰의 역할을 보여주고 있다. 전자소매업자의 웹사이트를 방문하고자 하는 의도가 실제 방문으로 이어지고 고객과의 관계 개발로 발전할 수 있다. 전자소매 웹사이트 방문 의도는 전자소매점을 이용하는데 대한 태도와 전자소매점에 대한 신뢰성에 달려있다(Salam et al., 2005).

전자소매점 이용에 대한 태도는 전자소매점에 대한 지각된 유용성과 전자소매점에 대한 지각된 사용의 용이성에 달려있다. 전자소매점에 대한 지각된 유용성이란 소비자가 전자소매 웹사이트를 방문하여 관심이 있는 상품에 대한 유용한 정보를 얻고 원하는 상품을 구매할 수 있는가를 의미한다. 전자소매점에 대한 지각된 사용의 용이성이란 전자소매 웹사이트를 방문하여 얼마나 쉽게 원하는 상품을 찾고 평가하고 주문할 수 있는가를 의미한다.

전자소매점에 대한 신뢰성은 소비자가 전자소매점에 대해 가지는 여러 가지 신뢰를 형성하는 신념에 달려 있다, 그러한 신념들은 아래와 같다.

- 전자소매점의 소비자에 대한 관심(benevolence)에 대한 신념: 전자소매상이 소비자에 대해 관심을 갖고 소비자의 필요에 대해 반응하는데 대해 소비자가 가지는 지각을 말한다.
- 전자소매점의 무결성(integrity)에 대한 신념: 소비자가 자신에 관해 제공하는

정보(전화번호, 주소, 이메일 등)에 대해 적절한 정책을 수립하여 이용하고 프라이버시를 얼마나 잘 지켜주는가에 대한 신념을 말한다.

◦ 전자소매점의 역량(competence)에 대한 신념: 전자소매상이 제공하는 상품의 품질과 디자인, 주문처리, 배송, 서비스 등에 대해 소비자가 지각하는 신념을 말한다. 주문을 받아서 소비자 요구에 맞추어 신속 정확하게 처리하는 능력이 있다면 전자소매점의 역량에 대한 좋은 평가를 하게 될 것이고 이것이 그 전자소매상에 대한 소비자의 신뢰 형성에 영향을 준다고 본다. 따라서 전자소매상은 소비자가 기대하는 수준의 상품을 준비하고 정확하게 주문을 처리하고 상품의 설치와 이용 그리고 사후 서비스에 있어서 문제가 없다면 소비자의 신뢰가 더 높아질 수 있을 것이다.

◦ 전자소매점의 예측가능성(predictability)에 대한 신념: 전자소매상의 행동이 예측가능하고 일관적인가에 대한 지각을 말한다. 예를 들면 인터파크에 가면 항상 저가로 상품을 구매하여 2일 내에 배송받을 수 있다고 항상 예측할 수 있다면 소비자는 신뢰감을 가질 것이다.

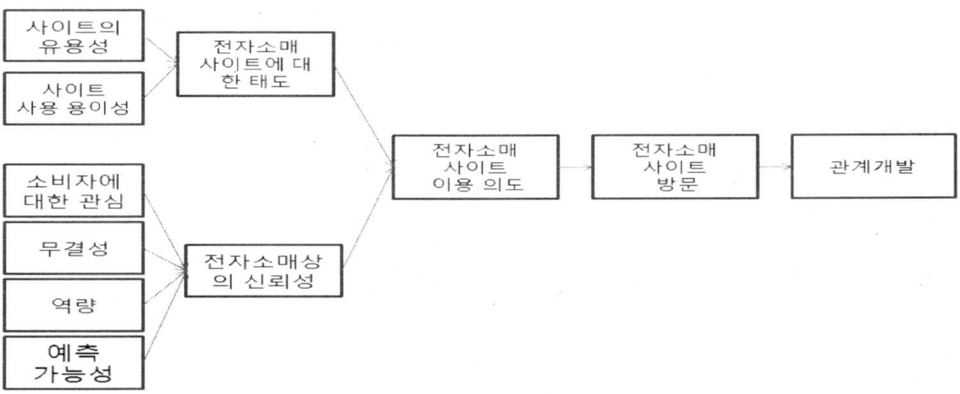

그림 4-19 전자상거래 관계 개발 프레임워크의 요소

(자료원: Salam et al., 2005)

4.7 고객만족

그림 4-20은 온라인 쇼핑 만족도의 형성을 설명하는 모델이다. 전자소매업에서도 고객의 만족도가 아주 높다면 로열티 형성과 재구매의도에 영향을 줄 것이다. 인터넷 상점에 대한 고객만족에 영향을 주는 요인들은 아래와 같이 정보품질, 시스템 품질, 그리고 서비스 품질이다(Turban et al., 2009).

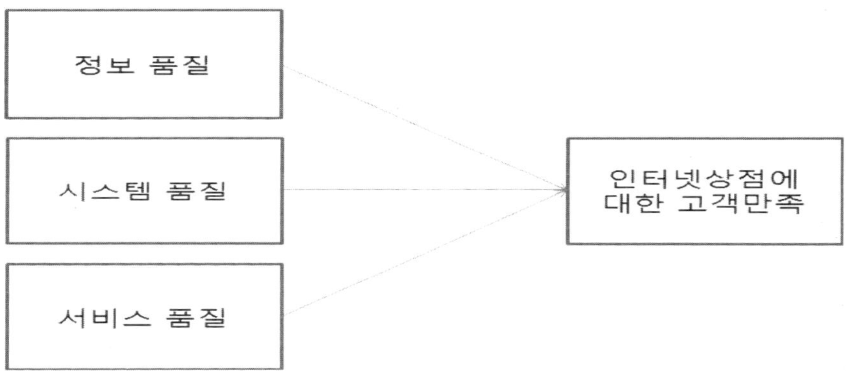

그림 4-20 인터넷 상점에 대한 고객만족

(자료원: Turban et al., 2009)

(1) 정보의 질

콘텐츠의 정확성(e.g., 전자카탈로그의 내용이 정확해야 한다)

콘텐츠의 최신성(e.g., 상품에 대한 최신 정보가 제공되어야 한다)

정보표현(e.g., 상품의 시각적 표현이 좋아야 한다)

콘텐츠의 완전성(e.g., 상품에 대한 자세한 설명이 필요하다)

(2) 시스템의 질

프라이버시와 보안(e.g., 개인 데이터의 기밀성이 지켜져야 한다)

간단한 설계(e.g., 화면이 비교적 간단하여 이해하기 쉬워야 한다)

항해의 용이성(e.g., 다른 웹 페이지로 쉽게 이동할 수 있어야 한다)
이용의 용이성(e.g., 전자상점의 시스템 이용하기가 쉬워야 한다)
웹사이트 일관성(e.g., 메뉴가 일관성 있게 배치된다)

(3) 서비스의 질
개인화(e.g., 개인에게 맞추어진 매뉴제공이나 정보제공이 된다)
유연성(e.g., 대금청구와 배송에 있어서 선택의 자유가 있다)
주문 배송의 적시성(e.g., 고객이 원하는 장소와 시간에 배송이 이루어진다)
주문 배송의 정확성(e.g., 상품의 수령인에게 정확하게 전달된다)
배송 받은 상품의 상태(e.g., 상품이 파손없이 배송되었다)
반응성(e.g., 고객이 원하는 포장을 하여 전달된다)
정책과 절차의 공정성(e.g., 거래 절차가 공정하다)
감정이입(e.g., 보상과 잘못에 대한 사과가 있다)

4.8 개인화

개인화는 일대일 마케팅과 관련된 주요 이슈 중 하나이다. 일대일 마케팅(one-to-one marketing)이란 각 고객 개인에게 맞추어 적절한 방식으로 다루는 것을 말한다. 특히 웹 환경에서는 일대일 마케팅을 비교적 쉽게 수행할 수 있다. 왜냐하면 인터넷을 통해 보다 용이하게 고객 개인에 대한 정보를 수집할 수 있고 커뮤니케이션을 할 수 있기 때문이다. 예컨대, 온라인 서점은 고객 개인의 관심 분야에 관한 정보를 기초로 하여 그 고객이 선호하는 신간 서적 리스트를 이메일로 보낼 수 있다.

개인화(personalization)란 상품, 서비스나 광고 내용을 개인에게 맞추는 것을 말한다. 이러한 맞춤과정은 회사가 개인에 대해 알고 있는 정보를 기초로 하여 이루어진다. 이 개인에 관한 정보를 사용자 프로필(user profile)이라 한다. 사용자 프로필에는 고객의 인구통계적 데이터(e.g., 나이, 성별, 주소, 전화번호)와 개인의 선호에 대한 데이터가 포함된다. 사용자 프로필을 구축하기 위해 데이터를 수집하는 방법은 아래와 같다(Turban et al., 2009).

- 사용자에게 직접 정보를 요청한다. 사용자에게 직접 설문에 답하도록 하거나 사용자와 면접을 수행한다.
- 사람들이 인터넷에서 행동하는 것을 관찰할 수 있는데 관찰 수단의 하나로서 쿠키(cookie)가 있다. 쿠키란 사용자의 동의 없이 사용자의 하드디스크에 저장된 데이터 파일이다. 쿠키가 저장된 사용자의 PC가 특정 웹사이트를 방문하면 그 사이트에서의 방문자의 활동에 관한 정보를 쿠키가 수집한다.
- 고객과의 거래내용을 데이터베이스에 저장한다. 과거 구매 패턴을 분석하여 새로운 상품을 추천한다. 인터넷 서점은 고객이 과거에 구매한 상품에 대한 기록을 이용하여 고객에게 새로운 도서가 출판되면 웹 화면에서 혹은 이메일을 통해 추천할 수 있다.

일단 고객 프로필이 구성되면 회사는 그 프로필을 상품 데이터베이스와 일치시킨다. 고객 프로필과 일치하는 상품을 고객에게 알리게 된다. 회사가 고객 선호를 파악하여 고객이 좋아하는 상품이나 서비스를 예측하는 방법으로서 협동적 필터링이 있다. 협동적 필터링(collaborative filtering)은 고객 데이터를 이용하여 고객이 관심을 가지는 제품이나 서비스를 추론하는 기법이다.

4.9 시장조사

시장조사는 기업이 거래하는 상품, 산업 동향, 소비자 행동, 경쟁상황 등에 관한 정보를 얻는 것이다. 시장조사를 실시하여 마케팅 계획을 수립할 수 있다. 시장조사는 오프라인에서 할 수도 있고 온라인으로 할 수도 있다. 인터넷으로 시장조사하면 오프라인에서 하는 것보다 넓은 지역을 대상으로 보다 저렴한 비용으로 수행할 수 있다. 온라인 시장 조사를 하면 웹사이트 설계를 어떻게 해야 하며 무슨 상품을 얼마에 판매하고 어떻게 광고할 것인가에 대한 정보를 얻을 수 있다. 온라인으로 직접 정보를 얻는 대표적 방법으로서 웹 기반 서베이(web-based survey)가 있다. 웹 기반 서베이는 설문조사로서 웹 환경에서 응답자가 자신의 의견이나 태도 등을 입력하도록 하는 것이다.

사례 4-1 인터넷 서점: 아마존, 반즈앤노블, CUC International

1995년 전세계의 모든 책을 파는 서점으로 Amazon.com을 개점하였을 때 2백만 달러로 시작한 7명의 직원을 가진 소규모 사업이었다. 매출의 22%가 미국 이외의 지역에서 발생하고 있다. 아마존은 인터넷을 통해 어느 국가에서나 필요한 책을 구입할 수 있도록 하는 것을 비전으로 삼고 있다. 아마존 고객의 수는 450만명에 이르고 있다.

1997년 말까지의 상황을 요약해보면 150개국의 고객들을 보유하고 있으며 연간 1억 이상의 매출액을 기록했다. 아마존 주문의 58%가 재구매 고객에 의한 것이다. 인터넷 서점으로서 온라인 카탈로그에 3백만권이 넘는 책을 보유하고 있다. 아마존은 책뿐만 아니라 CD, 꽃, 비디오, 소프트웨어 등 다양한 상품을 판매하고 있다.

아마존의 경쟁자로서 반즈앤노블에 이어 인터넷 서적 판매기업들의 계속적인 진입이 일어났다. 미국 서적 판매 2위인 보더스, CUC Book Stacks 등이 있다. 이들 기업은 웹 상에서 B2C의 서적 판매 부문에서 우위를 차지하기 위해 인터넷 상거래 전략을 수립하려고 노력하고 있다. Amazon.com이 시장을 선점한 우위를 가지고 있지만 후발업체들은 물리적 시장에서 널리 알려져 있는 상표를 보유하고 있어서 이를 바탕으로 기존 및 신규 고객을 전자상거래로 유도하고 있다.

Amazon.com이 1995년 사업을 개시하여 시장 선점의 우위를 갖고 있는 반면 반즈앤노블은 이미 물리적 세계에서 잘 알려진 상표를 가지고 있다. 반즈앤노블은 많은 수의 유통 채널과 많은 재고를 보유하고 있다. Amazon.com은 재고를 거의 보유하고 있지 않고 대부분의 서적을 가까운 판매 대리점에 주문하고 있다.

이러한 차이점은 두 업체간의 전략상의 차이이다. 아마존은 정보 브로커로서 제품과 고객을 연결시키는 역할을 한다. 아마존은 인터넷 판매와 서적 배달을 바탕으로 시작하였다. 이 회사는 물리적인 소매점을 가지고 있지 않으며 인터넷을 통해 2년도 안되어 회사를 전세계에 알릴 수 있었다. 경쟁은 미래에 한층 심화될 것이다. 왜냐하면 진입장벽이 거의 없고 잠재적 경쟁자들이 비교적 낮은 비용으로 새로운 사이트를 개설할 수 있을 것이기 때문이다.

반즈앤노블의 업무담당자는 실리콘 밸리로부터 유명한 디자이너들을 고용하고 웹서비스를 시작했다. 1997년 3월 이전까지는 아마존이 거의 독점하고 있던 온라인 서적 시장에 뛰어 들었다. 그 이후로 반즈앤노블과 아마존간의 경쟁이 심화되었다. 이 회사는 1965년 뉴욕에서 대학 교재 서점으로 출발하여 다른 서점보다 나은 서비스, 제품의 종류, 고객 서비스를 제공하면서 성장하였다. 전통적인 소매점을 통해서 성장한 반즈앤노블은 물리적인 상거래에서 업계의 선두업체가 되었다.

CUC에서 운영하는 Books Stacks Unlimited Inc(www.books.com)은 1992년부터 PC통신을 이용한 서적판매를 시작했으며 1994년 웹기반으로 전환하였다. CUC는 자동차, 컴퓨터, 가전제품에서부터 항공권에 이르는 상품을 판매하고 있는 회사이다. 고객들은 매년 회비를 납부하는 대신에 높은 할인율을 적용받는다. 즉 전체 3400백만 회원이 매년 29달러씩 내고 있다.

물류 창고를 없애 많은 경쟁사가 안고 있는 고정자산, 임대료, 건물, 재고관리 등에서 발생하는 높은 비용을 없앤다는 것이다. 매년 75%가 회원 갱신을 다시 할 정도로 고객관리를 잘한다. 사업 전략으로 회원제가 유효할 수 있다. CUC에서 운영하는 books.com은 반즈앤노블과 아마존 가격을 에이전트를 이용하여 비교한 후 조금 낮게 가격을 책정한다. 따라서 항상 두 경쟁사보다 낮은 가격으로 고객에게 제시한다. 인터넷 서점으로서 인지도는 아마존이 가장 높을 수 있지만 소매와 마케팅 채널에 있어서는 반즈앤노블이 가장 높으며, 가격 경쟁력은 CUC가 높은 상황이다.

(자료원: 경영과 컴퓨터, 1999. 6, pp. 307-309)

사례 4-2 I-800-Flowers

미국 롱 아일랜드에 본사를 둔 I-800-Flowers의 연간 매출은 3억 달러에 달한다. 지난 몇 년 동안 40%의 연평균 성장률을 기록했다. 14개의 꽃 판매점 체인망으로 출발하여 1987년 전화서비스를 시작한 후 회사의 신화는 시작되었다.

I-800-Flowers는 150여개의 직영점 및 프랜차이즈 아울렛을 운영하고 2500개 다른 판매점과 제휴를 맺은 후 지난 1990년대 중반 인터넷 시장에 뛰어 들었다. 인터넷 사업을 통하여 연간 수입은 3천만 달러 증가되었다. 경영자의 비전 있는 실천으로 시장과 고객을 동시에 유지하고 확보하는 기반을 만든 것이다.

I-800-Flowers의 전화, 팩스, 소매점, 인터넷을 통한 탁월한 꽃 판매 능력은 널리 알려져 있다. 어버이날 같은 성수기에는 웹사이트를 통해 약 10만명까지 방문자를 수용할 수 있으며 방문자의 구매율이 20%에 이른다는 것을 파악하였다. 또한 일부 고객은 웹에서 꽃을 확인한 후 전화로 주문하는 것으로 파악되었다. 이러한 다양한 현상을 주목하여 회사가 부담하는 800번 전화로 주문하는 고객을 대상으로 전자우편을 통한 마케팅을 시행하여 많은 고객을 인터넷 고객화시키는데 성공하였다. 기존의 800번을 통한 주문 및 문의를 인터넷으로 소매점과 연결시키고 수수료도 800번 수수료의 20%인 10센트로 낮추었다. 인터넷과 800번 서비스를 통합운영하고 데

이터베이스의 내용을 매분 동기화시킴으로써 고객의 편의성을 최대화하였고 소매점들은 정보를 공유하여 가상의 거대한 시장을 형성한다.

당일 배달을 위하여 고객과 판매자의 신속한 접촉은 필수이다. 이를 위해 대화방 공간을 마련하였다. 고객상담원을 전화에 묶어놓지 않고도 주문에 대한 신속한 의사소통이 가능하게 된다. 이 회사는 제휴한 2500여 소매업자에게 인터넷으로 의사소통할 수 있게 했다.

(자료원: 한국경제, 2000. 9. 26, p.47)

사례 4-3 옥션의 인터넷 경매

국내 닷컴 기업 중 대표적인 성공사례로서 인터넷 경매업체 옥션을 꼽을 수 있다. 옥션은 확고한 수익모델을 가지고 있다. 그래서 세계 최대 인터넷 경매업체인 미국 이베이가 1억 2천만 달러에 옥션을 인수하였다. 옥션은 국내에서 가장 먼저 인터넷 경매시장에 진입했다. 1999년말 42만명에 불과하던 회원 수는 1년만에 7배이상 증가하였다. 물품 등록건수는 4배 이상 증가했고 경매성사 금액은 25배 늘어났다.

인터넷 경매 분야는 수수료 수입이 수익원천이므로 상품가격변동의 영향을 받지 않는다. 일정 규모의 경매물량이 확보되면 비용증가가 둔화되고 이윤이 급증한다. 구매에 의한 손실위험과 재고부담도 없다. 물류비용이 들지 않아 일반 전자상거래 업체에 비해 영업위험이 매우 낮다. 싸게 살 수 있는 경매사이트의 이점 때문에 경기둔화의 영향도 덜 받는다.

(자료원: 한국경제, 2001. 3. 30, p.50)

사례 4-4 은행 홈페이지

이제 집에서 인터넷을 통해 은행 거래를 할 수 있다. 거래은행의 홈페이지에서 은행 계좌조회, 이체 등 거래도 하고 펀드나 채권 등의 복잡한 금융상품에 대한 정보를 얻기도 한다. 요즘처럼 인터넷이 발달하면서 금융권에서 가장 큰 변화가 생겼다면 바로 정보기술 혁명이다. 신세대를 중심으로 은행 창구보다는 인터넷이나 휴대전화 등을 통해 은행 일을 보는 세상이 되었다.

1대 1 맞춤 서비스: 은행 홈페이지에서 고객과 1대1 맞춤서비스가 활발하다. 즉 개별 고객의 접속 선호도와 개인정보를 통합하고 분석하여 고객 성향에 맞는 서비스를 제공하는 것이다. 예를 들어 고객이 접속하면 개개인의 특성에 맞는 추천상품과 재테크 정보가 제공되며 고객이 자주 찾는 메뉴를 자동으로 기억하고 있다가 고객이 접속할 때 미리 내놓는다. 이 같은 서비스를 통해 은행 홈페이지에 접속하는 회원은 자신만의 전담 금융 컨설턴트를 만나는 효과를 볼 수 있다. 신한은행(shinhan.com)과 우리은행(wooribank.com)이 이러한 서비스를 도입했다.

은행별 특화 서비스 제공: 국민은행은 주택은행의 부동산 노하우를 이용하여 부동산 정보를 제공하고 있다. 아파트 청약에 관한 모든 절차를 상세하게 설명해주는 청약가이드, 인터넷 청약, 경쟁률과 당첨확인 등은 가정이나 사무실에서 버튼 클릭 한 번으로 내집 마련의 고민을 해결해준다.

하나은행(hanabank.com)은 프라이빗 뱅킹 사이트를 독립적으로 구성했다. 사이트는 크게 PB(private banking)서비스, 자산관리 클리닉, 재테크 정보로 구성되어 있다. PB서비스에서는 고객의 종합자산관리부터 의료, 결혼 등에 관한 서비스도 받을 수 있다. 자산관리 클리닉은 재테크 상담 서비스 제공 등을 통해 고객이 직접 재무설계를 할 수 있으며 전자가계부와 각종 금융계산기를 제공하고 있다. 재테크 정보에서는 투자전략과 하나은행의 경매물건 투자, 재건축 투자 그리고 보험전용 재테크 및 세테크, 절세 방안 등을 다루고 있다.

외환은행은 외환 포털(fxkeb.com)을 가지고 있다. 매매마진의 최고 70%까지 우대혜택을 받을 수 있는 환전클럽, 송금클럽이 있으며 외환은행 계좌가 없더라도 인터넷에서 환전할 수 있는 사이버 환전을 제공하고 있어서 해외 여행객에게 매우 인기가 높다.

재무관리 서비스: 우리은행은 개인 재무관리 서비스를 제공한다. 국내 은행, 증권, 카드, 보험 등 60여 개 사이트에 등록되어 있는 고객의 자산정보를 한 화면에서 조회, 이체 등의 거래까지도 할 수 있으며 본인뿐만 아니라 가족의 자산관리도 가능하다. 또한 이렇게 등록된 개인의 재무정보를 바탕으로 한 온라인 재무 컨설팅도 받을 수 있다.

(자료원: 매일경제, 2003. 6. 11, p.41)

사례 4-5 예스24의 배송시스템

경기도 파주시에 인터넷 서점 예스24의 물류 센터가 있다. 이 곳에 200만권이 넘는 도서들이 쌓여 있다. 건물 중앙의 프린터에서는 책 주문서가 계속 출력되고 있다. 서울 한 고객이 어린이 책을 온라인으로 주문하면, 5분 내에 책 주문서가 출력된다. 물류센터 직원은 이 주문서를 들고 서고로 가서 1분 내에 책을 가져 올 수 있다. 주문서에 찍힌 바코드를 개인휴대단말기를 대면 서고 속에 책이 어디에 있는지 알 수 있다.

책을 담은 바구니는 분류실로 옮겨진다. 고객이 여러 권을 주문했을 때 여러 서고에서 찾아온 책을 고객이름별로 한 곳에 모은다. 서고별 담당자가 자기 구역에 있는 책만 찾아서 모은다.

고객별로 분류가 되면 책은 포장팀으로 옮겨진다. 70여명의 포장 전문가가 일하고 있다. 고객의 주소가 적인 주문서를 포장박스에 붙이고, 포장된 책을 컨베이어 벨트에 올린다. 그리고 대기 중인 택배 차량에 실린다. 주문한지 20분 내에 발송 준비가 끝난다. 그러면 당일 오전에 주문하면 오후에 고객에게 배달될 수 있다. 재고 상황은 실시간 확인할 수 있다. 당일 배송, 스피드 경영의 대표적인 사례이다.

빠른 배송을 하려면 재고 확보가 필요하다. 그러나 창업 후 11년간의 책 판매 데이터베이스를 기초로 책 종류, 저자, 출판사, 독자층에 따라서 책 판매량을 예측한다. 출판사와 공동 마케팅 회의를 열어 2차 예측을 하고 독자와 전문가 반응을 얻어 재고량을 조정한다. 이렇게 하여 미판매 재고량을 전체의 2% 이내로 줄였다.

지방의 당일 배송을 가능하게 하기 위해 경북 영천에 제2 물류센터를 열었다. 택배회사의 배송 속도를 높이기 위해 상벌제를 실시한다. 당일 배송 성공률이 95% 이상이면 인센티브를 준다.

(자료원: 조선일보, 2010. 11. 27)

| 연습문제 |

1. 소비자의 쇼핑주기를 설명하시오.
2. 온라인 여행사에 대해 설명하시오.
3. 주식 거래를 위한 매체(HTS, WTS 등)를 설명하시오.
4. 고객의 전환비용에 대해 설명하시오.
5. 고객의 전자소매사이트 이용의도에 영향을 주는 요소들을 설명하시오.
6. 인터넷 상점에 대한 고객만족에 영향을 주는 요인들을 설명하시오.

〈주요용어〉

direct marketing
disintermediation
pure-play e-tailer
open market
internet banking
다이렉트 보험
고객 충성도
개인화

제 5 장 B2B 전자상거래

본 장에서는 먼저 기업간 전자상거래를 이해하는데 필요한 기본 용어를 소개한다. 그 다음 B2B에 참가하는 당사자가 다수냐의 여부에 따라 이마켓플레이스를 판매중심, 구매중심, 그리고 엑스체인지로 구분하였다. 이마켓플레이스를 또한 취급하는 상품과 거래유형에 따라서 분류하여 설명하고 사적 산업 네트워크를 알아본다.

5.1 B2B 전자상거래의 개념과 발전

5.1.1 B2B 전자상거래의 개념

기업간 전자상거래(B2B EC, business-to-business e-commerce)는 인터넷과 기타 통신 기술을 이용하여 전자적으로 수행되는 기업간 거래를 말한다. 그러한 거래는 공급사슬에 참여하는 기업들 간에 수행될 수도 있다. 기업간 전자상거래는 기업과 거래하는 다른 기업간에 일어난다. 이러한 전자상거래는 기업간의 거래를 자동화시키고 의사소통을 향상시키며 정보공유를 용이하게 한다.

5.1.2 B2B 전자상거래의 발전

B2B 전자상거래는 1970년대부터 여러 단계를 거쳐서 발전하여 왔다(Laudon &

Traver, 2008). 각 단계마다 다른 기술적 플랫폼을 가진다.

제1단계: 1970년대 중반에 자동주문 입력시스템(automated order entry system)은 병원의 구매 담당자가 전화모뎀을 이용하여 병원용품에 대한 전자적 주문을 Baxter Health Care와 같은 공급사에 보내는데 이용되었다(그림 5-1). 공급사가 병원의 구매부서에 필요한 단말기를 설치하여 주었다. 이러한 초기 기술은 1980년대 후반 사설통신망을 이용하는 시스템으로 교체되었고 1990년대 후반에는 인터넷을 통해 공급사의 온라인 카탈로그에 접근하는 방식으로 발전하였다. 자동주문입력시스템은 공급자 위주 시스템(seller-side solution)이었다. 공급자가 시스템을 소유하였고 구매업자는 하나의 판매자가 전시하는 상품들 중에서 주문하는 형태였기 때문이다.

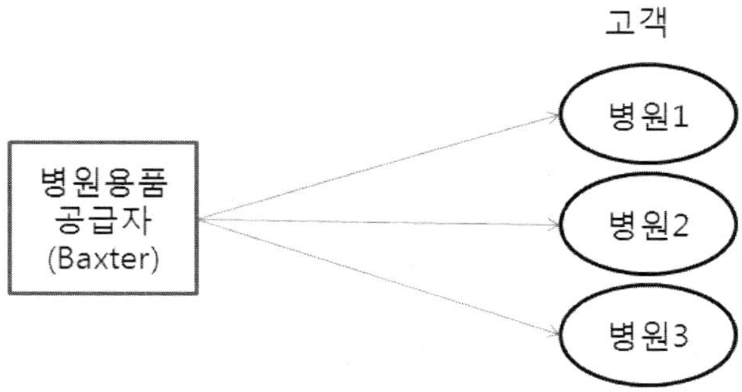

그림 5-1　자동주문입력시스템

제2단계: 전자문서교환(Electronic Data Interchange, EDI)은 인터넷이 활용되기 이전부터 존재하였다. 1970년대 후반에 등장한 EDI는 B2B 전자상거래 시스템이다. EDI는 기업간에 비즈니스 거래를 위한 문서(e.g., 주문서, 송장)를 전자적으로 송수신할 수 있도록 해준다. EDI 시스템은 보통 구매기업이 소유하면서 조달비용의 절감을 추구하기 때문에 구매자 중심 시스템이라 할 수 있다. EDI 시스템은 특정 산업의 기업들을 위해 이용되는 경향이 있다.

제3단계: 전자상점(electronic storefront)은 1990년대 중반 인터넷이 상용화되면서 등장한 B2B 전자상거래 시스템이다. 전자상점은 인터넷 교보문고와 같이 B2C에서도 이용되고 기업간 거래를 위해 B2B에서도 이용되고 있다. 공급자가 전자카탈로그를 이용하여 판매하고자 하는 상품들을 진열하고 구매기업들을 기다리는 형식이다. 공급자(판매기업)가 소유하고 있으며 하나의 공급자가 제공하는 상품만을 진열하기 때문에 공급자 중심의 시스템이라 할 수 있다.

제4단계: 넷 마켓플레이스(net marketplace)는 1990년대 후반에 등장하였으며 많은 공급자와 많은 구매자가 인터넷 기반의 시장에 참여한다. 넷 마켓플레이스는 제3자 기업이 소유하거나 시장에 참여하는 대기업이 소유한다.

사적 산업 네트워크(private industrial network) 역시 1990년대 후반에 등장하였고 EDI 시스템의 연장이라 볼 수 있으며 기존의 밀접한 거래관계를 기반으로 하고 있다. 사적 산업 네트워크는 인터넷 환경 속에서 부품이나 제품의 조달 외에 제품의 공동개발, 정보공유 등과 같은 협업상거래도 지원한다.

5.1.3 B2B 거래유형, 자재종류, 시장유형

B2B 상거래는 구매자와 판매자간에 직접 수행될 수도 있고 온라인 중개상(online intermediary)이 구매자와 판매자 사이에서 중개 역할을 할 수도 있다.

(1) 거래의 유형

두 가지 유형의 B2B거래가 있다: 수시구매와 전략적 소싱. 수시구매(spot buying)는 필요에 따라 시장가격에 상품이나 서비스를 구매하는 것을 말한다. 시장 가격은 수요와 공급에 따라서 변할 수 있다. 개인 투자자가 회사의 주식을 매수하는 것은 수시 구매로 볼 수 있다. 증권시장에서 동태적으로 형성되는 주가에 특정 회사의 주식을 필요한 수량만큼 구매한다. 주식 매수나 매도는 증권거래소를 통해 이루어진다. 한편, 전략적 소싱(strategic sourcing)은 매매 당사자 사이에 장기 계약에 의한 구매를 말한다. 장기적으로 특정 품목을 공급받기 위해서 거래처와 가격과 기타 거래조건에 대한 협상이 필요하다.

(2) 자재의 종류

두 가지 유형의 상품이 B2B에서 매매되는데 직접자재와 간접자재이다. 직접자재(direct material)는 자동차를 생산하는데 소요되는 철강과 같이 제품을 만드는데 사용되는 재료를 말한다. 제품생산에 필요한 원재료나 부품은 생산계획에 따라서 필요한 수량과 시기가 정해진다. 간접자재(indirect material)는 연필, 지우개 등의 사무용품과 같이 생산 활동을 지원하는 것이다. 간접자재는 유지보수, 수선, 운영활동에 사용되며 MRO(maintenance, repair, and operation)라고 부른다.

(3) 시장의 유형

B2B에는 수직적 마켓플레이스와 수평적 마켓플레이스가 있다. 수직적 마켓플레이스(vertical marketplace)는 주로 하나의 산업을 다루며 철강, 자동차, 전자, 화학 등 각 산업별로 마켓플레이스가 있다. 수평적 마켓플레이스(horizontal marketplace)는 모든 유형의 산업에서 사용되는 서비스나 제품에 집중한다. 예를 들면, 사무용품, PC, 여행 서비스 등이 있다.

5.2 B2B 전자상거래의 편익

(1) B2B 상품과 서비스 거래

공급사슬의 참여 기업들 사이에 상품을 매매하는 것 외에 서비스도 B2B에서 일어난다. B2B 서비스 거래의 예를 들면 아래와 같다.

- 여행 서비스: 대기업은 B2B 여행사를 통해 특별 할인 계약을 할 수도 있다. 종

업원들도 온라인으로 여행을 계획하고 예약할 수 있다.

- 부동산 서비스: 웹을 통해 기업은 적절한 부동산을 탐색하고 비교할 수 있다.
- 인터넷 지불: 인터넷 뱅킹은 기업이 대금을 지불하는 편리한 수단이 되고 있다.
- 온라인 주식 매매: 기업도 중요한 주식 투자자로서 온라인 주식 거래를 한다.

(2) B2B 전자상거래의 편익

B2B 전자상거래의 편익은 무슨 모델을 이용하느냐에 따라서 다르지만 주요 편익은 아래와 같다.

- 종이 서류가 제거되고 전자적으로 처리하므로 오류가 감소한다.
- 주문을 하고 상품을 배송 받을 때까지 걸리는 주기 시간이 단축된다.
- 구매기업이 상품을 탐색하는데 걸리는 시간이 절약된다.
- 거래 기업과 신속한 정보전달과 공유로 인하여 적은 재고를 보유하면서도 영업을 할 수 있다.

5.3 기본적인 B2B 이마켓플레이스의 유형

아래와 같이 B2B 이마켓플레이스의 유형에는 판매중심, 구매중심, 엑스체인지가 있다(그림 5-2).

(1) 판매중심 B2B와 구매중심 B2B

판매중심(sell-side) B2B는 판매기업이 하나이고 구매기업이 다수인 경우로서 판매기업의 상품 판매목적으로 구축된 시스템을 가진다. 구매중심(buy-side) B2B는 구매기업이 하나이고 판매기업이 다수인 경우로서 제품 혹은 부품의 대량구매를 목적으로 구축된 시스템을 가진다. 이러한 시장은 한 회사의 상품 판매 혹은 구매에 초점을 두기 때문에 회사 중심 전자상거래라고 한다. 회사 중심 마켓플레이스에서는 개별적인 판매 중심 혹은 구매 중심 회사가 판매 혹은 구매 거래에 누가 참여할 것인가를 정하고 거래를 지원하는 정보시스템에 대해 책임을 진다. 따라서 이러한 회사 중심 전자상거래는 본질적으로 사적이라고 하며, 판매 중심 혹은 구매 중심 시장을 사적 이마켓플레이스(private e-marketplace)라고 한다(Turban et al., 2009).

(2) 엑스체인지

엑스체인지(exchange)는 제3자나 컨소시엄이 소유하고 운영하며 다수의 구매자와 다수의 판매자가 서로 거래할 목적으로 전자적으로 만난다. 엑스체인지는 교환소라고도 번역되며 모든 관심 있는 당사자들에게 개방되어 있어서 공적 이마켓플레이스(public e-marketplace)로 볼 수 있다.

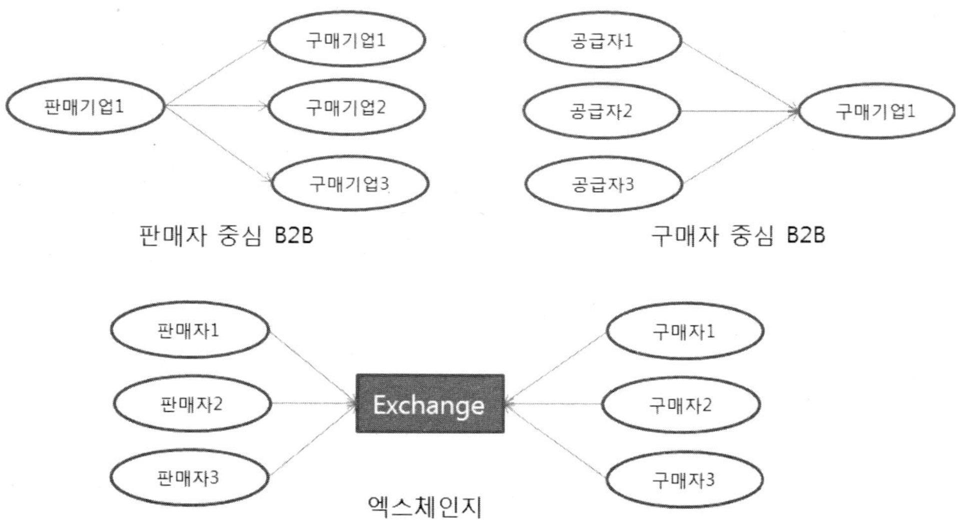

그림 5-2 B2B 전자상거래의 유형

5.4 판매 중심 이마켓플레이스

판매 중심 이마켓플레이스(sell-side e-marketplace)는 하나의 기업이 다수의 기업 구매자들에게 상품을 판매하는 전자 시장을 말한다. 상품을 판매하는 기업은 제조업자가 될 수도 있고 유통업자가 될 수도 있다. 거래하는 기업 사이에 엑스트라넷을 이용할 수 있다. 판매 기업은 전자 카탈로그를 이용한 판매, 전향적 경매(forward auction)를 통한 판매, 구매 기업과 장기 계약을 통한 판매를 할 수 있다(Turban and King, 2003). 이 모델이 성공하기 위해서는 충분히 많은 고객이 판매기업의 전자시장을 방문해 주어야 한다. 여기서 판매 중심 전자시장은 B2B를 위한 시장이지만 개인 고객이 구매 주문을 하는 B2C 전자상거래도 가능하다. 제조기업이 온라인으로 상품을 유통업자에게 판매하는 경우 기존의 물리적 채널의 유통업자와 채널 갈등이 일어날 수 있는 점은 B2C와 유사하다고 할 수 있다. B2C에서 최종 소비자가 맞춤 주문을 할 수 있는 것처럼 기업 고객도 온라인으로 제품을 맞춤 주문하고 가격을 알아보고 주문을 보낼 수 있다.

(1) 카탈로그를 이용한 판매

제조업자는 전자시장(이마켓플레이스)에 전자카탈로그를 올려놓고 직접 기업고객에게 판매하거나 유통업자에게 판매할 수 있다. 중간상인으로서 유통업자를 이용하여 제조업자는 제품을 최종 고객들에게 전달할 수 있다. 다시 말해서, 제조업자가 유통업자에게 판매하면 유통업자는 다시 고객들에게 판매한다. 유통업자는 중간상인으로서 여러 제조업자들로부터 구매한 제품들을 하나의 전자카탈로그에 올려놓고 고객들에게 판매할 수 있다. 그들이 취급하는 품목은 여러 산업과 관련되는 것을 취급할 수도 있겠고 특정 산업에 해당하는 품목만 취급할 수도 있다. 카탈로그를 이용한 직접 판매는 시스코(Cisco)와 같은 네트워크 제품의 생산자가 유통업자를 거치지 않고 기업고객에게 직접 판매하는 것을 말한다. 물론 시스코가 유통업자를 고객으로 가질 수 있다.

판매 중심 이마켓플레이스를 방문하는 기업고객이 정기적으로 대규모 구매를 한다면 전자카탈로그를 이용하는 주문 내용이 구매기업의 정보시스템에 자동적으로 전달되어 처리되는 것이 바람직하다. 그러기 위해서는 판매 중심 이마켓플레이스의 전자상거래 시스템이 구매기업의 정보시스템과 통합되어 있어야 한다. 판매 기업의 전자시장에서 재고를 체크하고 주문입력 시스템에 품목과 수량 등 주문내역을 입력하면 그 온라인 주문은 자동적으로 구매기업의 ERP 시스템에 전달될 수 있다.

제조업자(e.g., Dell, Cisco)나 유통업자가 카탈로그를 이용하는 판매 중심 전자시장을 구축하고 운영하는 경우 일어날 수 있는 한 가지 문제는 전자상거래 시스템을 구축하고 운영하는데 필요한 투자를 정당화할 만큼 충분한 구매자를 확보할 수 있느냐는 것이다. 전자시장을 이용할 구매자를 확보할 필요가 있으며 인터넷 EDI를 이용하여 구매기업이 가능한 저렴한 비용으로 거래할 수 있도록 할 필요가 있다.

(2) 경매를 통한 판매

기업은 경매를 통해 제품을 판매할 수 있다. 전향적 경매(foward auction)를 통해 판매하고자 하는 품목들을 신속하게 고객들에게 판매할 수 있다. 경매를 이용하면 판매 기업은 여러 가지 편익을 누릴 수 있다. 잉여제품이나 진부화된 제품을 경매를 통해 처분할 수 있다. 전자 경매를 하면 보다 저렴하게 거래를 할 수 있으며, 회원 유치에도 유리하다.

판매를 담당하는 기업이 자체적으로 경매 사이트를 운영할 수도 있고 중개 경매 사이트(e.g., eBay)를 이용할 수도 있다. 기업이 자체적인 이마켓플레이스를 운영하고 있다면 큰 비용 없이 경매시설을 추가할 수 있을 것이다. 그러나 자체적인 이마켓플레이스를 운영하고 있지 않다면 B2B 경매 서비스를 해주는 중간상인으로부터 서비스를 받는 것도 하나의 방안이 된다. 중개상을 이용하는데 따르는 수수료를 지불해야 하지만 경매시설에 투자할 필요가 없고 대금청구와 회수와 같은 서비스를 제공해주므로 편리하다.

5.5 구매 중심 이마켓플레이스

구매 중심 이마켓플레이스(buy-side e-marketplace)란 협상이나 역경매 등의 방식으로 필요한 상품을 조달하는 전자시장이다. 기업의 구매 담당자가 판매 중심 전자시장에 들어가 구매 주문을 내는 경우 주문 내용이 판매회사의 정보시스템에는 자동으로 입력되지만 그 내역을 수작업으로 기업 내부 시스템에 별도로 입력해야 되는 경우도 있다. 또한 대규모 구매를 하기 위해 판매 기업의 사이트를 찾고 비교하는 것도 시간과 비용을 많이 필요로 한다. 그래서 대규모 구매를 하는 경우 구매 기업이 자체적인 이마켓플레이스를 구축하고 운영하는 것이 더 효율적일 수 있다. 기업이 필요로 하는 상품을 전자적으로 구매하는 것을 전자조달(e-procurement)이라고 한다. 주요 조달 방법은 아래와 같다.

- 판매기업의 전자카탈로그에 올라온 품목을 구매한다.
- 구매 기업들이 서로 경쟁하는 경매를 통해 구매한다.
- 공급자들이 서로 경쟁하는 전자시장에서 역경매를 통해 구매한다.
- 여러 기업이 취급하는 품목을 모아서 만든 중간상인의 전자카탈로그를 이용하여 구매한다.
- 회사가 승인하는 판매자가 취급하는 품목을 모은 사내 구매 관리자의 카탈로그를 이용하여 구매한다.

5.5.1 전통적 조달관리의 문제점

조달관리(procurement management)는 조직이 필요로 하는 상품이나 서비스의 구매와 관련된 모든 활동의 관리를 말한다. 전자조달을 하기 이전에 기업이 보통 수행하여 온 전통적 조달 프로세스는 아래와 같다(그림 5-3).

① 구매 품목에 대한 필요 부서의 담당자가 구매요청서를 작성하여 구매에 대한 승인을 받는다.

② 구매 주문서(purchase order)를 작성하여 공급자에게 보낸다. 우편이나 팩스로 보낼 수 있다.

③ 공급자는 주문을 접수하였다는 메시지를 구매자에게 보낸다.

④ 공급자는 주문 내역에 따라서 상품을 준비하여 구매자에게 배송한다.

⑤ 공급자는 송장(invoice)을 작성하여 구매자에게 보낸다.

⑥ 구매자는 물품을 인수하여 구매주문서, 송장, 물품 입고서류를 비교하여 일치하면 대금을 공급자에게 지불한다.

조직이 구매하는 품목의 약 80%가 총 구매액의 20-25%를 차지한다(Turban et al., 2009). 구매하는 품목의 많은 부분이 저가의 MRO인 경우가 많지만 구매 담당자의

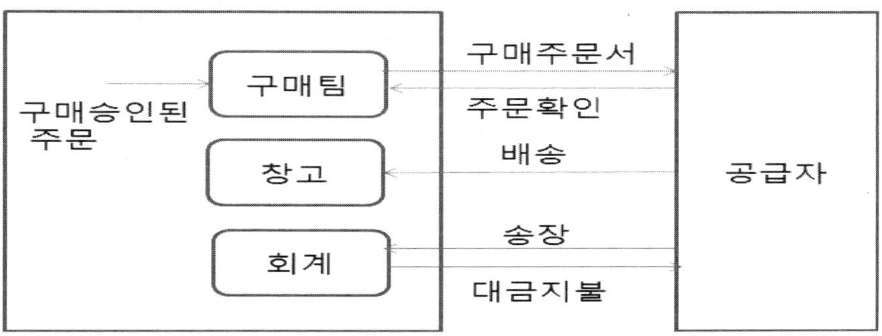

그림 5-3 조달 프로세스

시간을 많이 차지하고 있다는 것이 문제이다. 고가이고 기업에 중요한 품목에 대해 보다 좋은 조건의 공급자를 찾는데 보다 많은 시간과 노력을 투입하는 것이 효율적이다. 다른 문제점은 자동화되지 못한 시스템을 이용하는데 따른 것이다. 종이 서류를 주로 다루게 되면 오류도 더 많고 느리다고 볼 수 있다.

전통적 구매과정의 비효율성은 리엔지니어링 하여 제거하고 전자조달 방식으로 바꾸는 것이 좋다. 전자조달 프로세스는 그림 5-4와 같다. 전자조달을 통해 일상적인 구매 활동을 자동화하여 구매 담당자는 보다 전략적 구매에 더 많은 관심을 기울일 수 있다. 전자적 조달의 목표를 나열하면 아래와 같다(Turban et al., 2009).

- 구매 담당자의 생산성 증진
- 구매 가격의 인하
- 정보 흐름과 관리의 개선
- 비계획적 구매의 감소
- 지불 처리 과정의 개선
- 구매 과정의 단순화와 신속화
- 주문 당 행정 비용의 감소
- 구매 및 선적 과정에서의 오류 감소

5.5.2 구매 중심 이마켓플레이스와 역경매

구매 중심 이마켓플레이스에서는 구매자는 자신의 서버에 전자 시장을 만들고 구매자가 필요로 하는 품목에 대해 입찰하도록 잠재적 공급자들을 초청한다(그림 5-5). 이 역경매에 대한 초대를 RFQ(request for quote)라고 한다. 역경매는 대규모 구매에 대해 가장 보

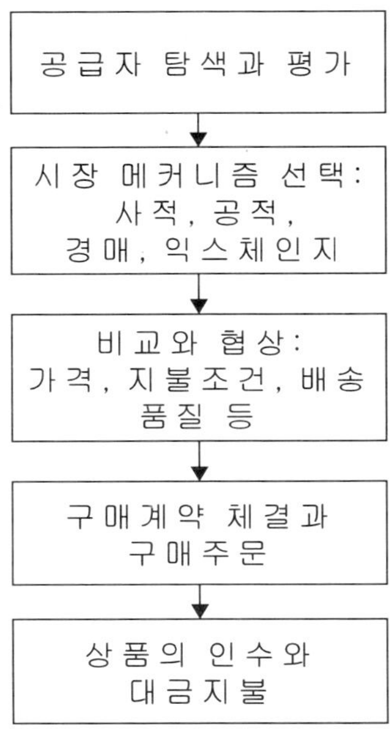

그림 5-4 전자조달의 과정
(자료원: Turban et al., 2009)

편적인 모델이다. 정부나 대기업에서는 이러한 방식으로 물품을 조달하는 경우가 많다. 전자적 조달은 빠르고 비용을 절감할 수 있으며 저렴하게 상품을 구매할 수 있다는 장점을 가진다. 웹 기반 역경매 프로세스는 아래와 같다:

① 구매자가 온라인상에서 상품정보를 수집한다.

② 구매자가 공급자들에게 RFQ(request for quote)를 보낸다.

③ 공급자들은 역경매에 참여한다. 입찰서를 구매기업에 보낸다.

④ 구매자는 공급자들의 입찰을 평가한다. 협상은 전자적으로 이루어질 수 있다.

⑤ 구매자는 요구사항을 가장 잘 만족시키는 입찰자를 선정하여 계약을 체결한다.

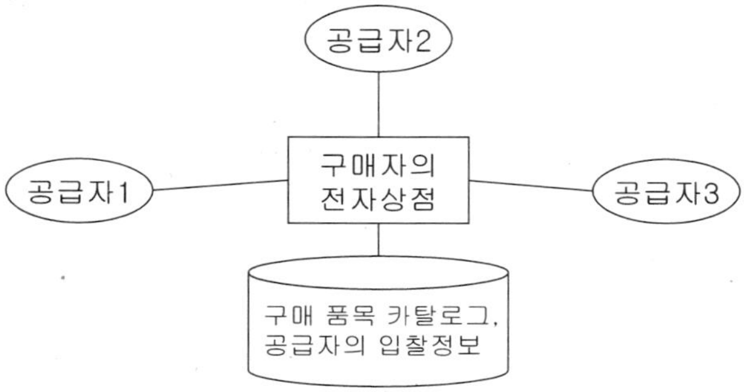

그림 5-5 구매 중심 B2B 이마켓플레이스

(자료원: Turban and King, 2003)

사례 5-1. CISCO Connection Online: 판매자 중심 기업간 전자상거래

판매자(혹은 공급자) 중심 기업간 전자상거래 모델이 성공하기 위한 조건은 크게 두 가지로 요약된다. 공급자 측면에서는 확실한 단골고객을 확보하는 것이고, 구매자 측면에서는 주문빈도가 자주 발생하지 않는 구매라는 조건이다. CISCO의 경우 이런 조건이 만족된다고 볼 수 있다. 1994년 봄 시스코는 자사의 시스템을 웹사이트에 연동시키면서 자신의 웹사이트를 CISCO Connection Online(CCO)으로 명명했다.

시스코는 라우터, 스위치 등 네트워크 장비를 판매하는 기업으로서 1997년 총 매출액 64억 달러 중 10억 달러를 온라인상에서 판매하였다. 직원채용과 교육부터 고객 지원과 주문에 이르기까지 시스코는 주요 비즈니스 프로세스의 상당부분을 인터넷으로 대체해가면서 비용을 절감하고 생산성을 향상시키고 있다. 시스코는 새로운 인터넷 기반의 업무 프로세스를 창조하고 정착시키는 혁신적인 기업이다.

시스코의 웹사이트(cisco.com)은 몇 년에 걸쳐 진화되어 왔다. 시스코는 세계에 흩어져 있는 고객에게 기술적 지원을 제공하기 위해 웹사이트를 기획했지만 전자상거래의 기술적 진보와 비즈니스 전반에 미치는 영향을 이해하고 지속적인 투자로 전세계적인 규모의 상업 사이트로 성장했다. 시스코는 약 12개의 인터넷 기반 애플리케이션을 최종 고객과 재판매 유통업자들에게 제공하여 왔다.

고객 서비스

시스코는 부가가치통신망(VAN)을 이용하여 1991년 전자적 지원을 시작했다. 첫 번째 응용시스템에 포함된 것은 소프트웨어 다운로드, 결점 추적, 기술적 조언을 제공하는 것이었다. 2001년까지 시스코의 고객과 유통업자들은 시스코의 웹사이트에 한 달에 130만 번이나 로그인하여 기술적 지원을 받고, 주문을 하고 주문처리상태를 체크하고, 소프트웨어를 다운로드 했다. 고객 서비스 질의의 약 85%와 소프트웨어 갱신의 95%는 온라인으로 제공되었다. 전 세계에 14개의 언어로 서비스가 제공되고 있다. CCO는 B2B 성공 모델로서 간주된다.

온라인 주문

시스코는 현재 모든 제품을 웹 상에서 주문가능하도록 시스템을 운영하고 있다.

따라서 완제품을 전시하는 물리적 공간 없이 거래가 되고 있다. 과거 주문시스템과 온라인 시스템을 비교하기로 한다.

과거의 주문방식: 시스코 제품을 원하는 고객 회사의 엔지니어는 어떤 종류의 제품이 필요하고 어떤 사양을 갖추어야 하는지 알고 있다. 고객 회사의 엔지니어가 실제 구매주문을 발송할 고객사의 조달부서와 정보를 교환하게 되고 조달 부서는 시스코 측에 팩스, 전화 혹은 전자우편을 통해 실제 주문을 발송한다. 시스코 측의 고객 서비스 담당직원이 시스코의 내부 정보시스템에 주문을 접수시킨다. 만약 그 주문의 내역에 오류가 없다면 그 주문에 대해 예약을 하고 24시간 내에 생산일정계획을 수립하게 된다. 그러나 거의 4개의 주문 중 하나에서 오류가 발견되어서 다시 고객 측과 접촉하여 수정하는 과정을 거쳐야 한다.

웹을 통한 주문방식: 고객측 엔지니어는 PC 앞에서 온라인으로 제공되는 제품의 사양을 검토하고 주문할 내용을 결정하면 이것을 조달부서의 허가를 받아 전자적으로 발주한다. 주문시 가격에 대한 정보가 자동적으로 계산되고 고객은 몇 번의 키보드 조작과 마우스 클릭을 통해 전 주문과정을 완료할 수 있다. 또한 고객 회사는 주문이 처리되는 과정의 정보나 회계관련 정보가 필요할 때에는 시스코에 전화할 필요 없이 즉시 웹사이트에서 확인할 수 있다.

시스코 고객들은 대부분 대기업이며 시스코의 온라인 서비스에 즉시 접근하여 문제를 해결할 수 있다. 시스코 고객으로서 하나의 주문 발송이나 하나의 질의 때문에 매번 시스코 웹사이트에 접속하는 것이 시스코의 고객 입장에서는 번거로운 일이다. 이런 고객들을 만족시키기 위해서 1997년 11월 시스코는 고객의 정보시스템과 시스코의 정보시스템을 인터넷과 사설망을 통해 결합하는 작업을 하였다. 이를 통해 고객의 PC에는 필요한 정보가 맞춤정보의 형태로 항상 제공되어 상당부분을 시스코의 웹사이트에 접속하지 않고 해결할 수 있게 되었다.

시스코는 고객들에게 주문 추적과 FAQ(frequently asked questions) 도구를 제공한다. 국내외 운송회사는 각 선적에 대한 운송상태에 관한 데이터를 시스코의 데이터베이스에 입력시킨다. CCO는 선적날짜, 배송방법, 각 제품의 현재 위치 데이터를 저장하도록 한다. 모든 새로운 정보는 즉시 고객이 이용할 수 있다. 주문이 선적되면 시스코는 고객에게 이메일을 이용하여 알려준다.

CCO 이용의 편익

전자상거래 도입이 시스코와 시스코의 고객에게 주는 이점은 양자의 시간을 절약할 수 있게 되었다는 것이다. 제품인도 시간이 종전의 4-10일에서 2-3일로 줄어들게 되었으며 고객의 주문 발송 생산성도 20% 이상 향상되었다. 고객은 보다 신속하게 주문을 생성하고, 비용을 즉시 계산하고 시스코의 스탭과 보다 신속하고 효과적으로 일할 수 있도록 한다. 이 외에 시스코는 CCO 시스템을 이용하여 아래와 같은 편익을 얻는다.

① 1998년 주문처리과정을 온라인으로 처리할 수 있도록 자동화하여 년간 총 운영비용의 17.5%를 절감하였다. 이것은 주문을 받아서 처리하는 종업원의 생산성이 향상된 결과이다.
② 온라인으로 기술적 지원과 고객 서비스 요구를 85% 이상 처리함으로써 기술적 지원 부문의 생산성이 년간 250% 증가하였다.
③ 고객들이 새로운 소프트웨어를 시스코의 사이트에서 직접 다운로드 받을 수 있도록 하여 소프트웨어 배포 비용을 절감하였다.

(자료원: 김상우, 경영과 컴퓨터, 1999. 7, pp. 303-305; Turban & King, 2003, pp. 214-216)

사례 5-2. GE의 TPN: 구매자 중심 기업간 전자상거래

GE(General Electronic)의 TPN(Trading Process Network)은 기업간 전자상거래의

도입을 통한 조달업무의 혁신을 이룬 대표적 성공사례이다. GE의 원재료 비용은 1982년에서 1992년 사이에 16% 증가하였다. 같은 기간 동안 제품의 가격은 변경되지 않았고 어떤 제품에 대해서는 오히려 감소하였다. 비용 증가에 대응하여 GE는 구매시스템을 향상시키기 위한 노력을 하였다. 회사는 조달 과정을 분석한 결과 구매업무가 비효율적이고, 너무 많은 거래를 포함하고 있으며, 대규모 구매에도 최적의 가격으로 거래하지 못하고 있다는 것을 발견하게 되었다. 연간 처리하는 송장의 4분의 1 이상은 구매주문서, 입고량, 송장간에 불일치 때문에 재처리되어야 했다.

조명기기 사업부의 TPN

GE는 조달업무를 개선하기 위해 여러 단계의 조치를 취했다. 가장 최근의 조치는 인터넷 상에서 전자 경매 시스템을 이용하는 것이었다. 조명 사업부의 공장은 매일 수백 개의 RFQ를 기업의 구매 부서에 보냈다. 한번 주문하는데 일주일은 걸렸고 복잡한 과정이어서 기업 구매 부서는 각 부품에 대한 입찰 요구 패키지를 2-3개의 공급자에게만 보냈다.

1996년 GE 조명 사업부는 회사의 첫 번째 온라인 조달 시스템인 TPN Post를 시험 이용하였다. 이 온라인 시스템을 통해 구매 부서는 회사 내부의 필요 부서들로부터 전자적으로 부품 요구서를 받고 인터넷을 통해 전 세계 공급자들에게 입찰 요구 패키지를 보낸다. 구매 부서가 일을 시작한지 2시간 내에 공급자들은 이메일, 팩스 혹은 EDI에 의해 RFQ 접수를 통고 받게 된다. 그들은 입찰을 준비하는데 7일이 걸리고 전자적으로 입찰서를 GE 조명 사업부에 돌려보내게 된다. 경매 입찰은 인트라넷을 통해 입찰 평가자에게 전달되고 같은 날 계약이 체결된다.

GE가 TPN을 통해 얻을 수 있는 이점은 아래와 같다.

① 조달과정에 참여하는 인력이 30% 감축되었다. 한편 온라인으로 많은 공급자들과 접촉하여 최적의 조건으로 구매하게 됨으로써 부품 비용이 5내지 50%

절감되었다.

② 조달 프로세스에 일하는 스탭 중에서 불필요한 인력은 다른 업무에 재배치되었다. 한달에 약 1주일 정도는 서류 작업이나 복사 작업보다는 전략적 업무에 집중할 수 있게 되었다.

③ 공급자들을 식별하고 입찰 요구를 하고 가격을 협상하고 계약을 체결하는데 18에서 23일 걸리던 것을 이제 9내지 11일 만에 할 수 있게 되었다.

④ 거래가 처음에서 끝까지 전자적으로 처리되므로 송장은 자동적으로 주문서와 대조되고 문제가 해결된다.

⑤ 전 세계 GE의 조달 부서들은 최적의 공급자에 대한 정보를 공유한다.

TPN은 GXS Express Marketplaces로 변경되었으며 GE Global Exchange Services(gxs.com)에 의해 운영되고 있다. 이 새로운 시스템은 공적 마켓플레이스로서 다른 회사들도 RFQ를 보낼 수 있다. 그래서 GE는 이 시스템을 이용하는 회사들로부터 수수료도 수입으로 얻고 있다.

(자료원: 김상우, 경영과 컴퓨터, 1999. 7, pp. 305-306; Turban & King, 2003, pp. 226-228)

사례 5-3. B2B 전자결제시스템

전자장터(e-마켓플레이스)에서 물건을 사고판 후 인터넷으로 바로 결제할 수 있는 B2B(기업간 전자상거래) 전자결제시대가 열리고 있다. 이에 따라 결제시스템 불편으로 거래에 어려움을 겪었던 B2B e-마켓플레이스가 보다 활성화 될 것이다. 은행들은 B2B 거래가 증가함에 따라 자사의 결제시스템과 e-마켓플레이스를 연동시켜 B2B 회원 기업들을 대상으로 자금이체, 지급결제, 대출 등의 서비스에 나서고 있다. 은행들이 이같은 서비스에 나서는 것은 전자상거래 비중이 크게 높아지고 있는데다 e-마켓플레이스 회원사를 한꺼번에 고객으로 확보할 수 있기 때문이다.

가장 먼저 전자결제 서비스를 도입한 신한은행은 B2B 솔루션업체인 이네트와 공동으로 시스템을 구축, 지난 5월말부터 철강 및 식자재 e-마켓플레이스인 애니스틸닷컴과 코아링크 등에 서비스를 제공하고 있다.

구매기업이 전자상거래로 체결된 물품거래 계약정보를 은행에 통보하면 대금이 온라인으로 판매기업 계좌에 자동 입금된다. 판매기업은 결제 대금이 입금된 사실을 확인한 뒤 물품을 배송한다. 이때 구매기업은 거래 은행 지원을 받아 물품대금을 현금 분할 납부, 구매카드, 어음 등 다양한 방식으로 결제할 수 있다.

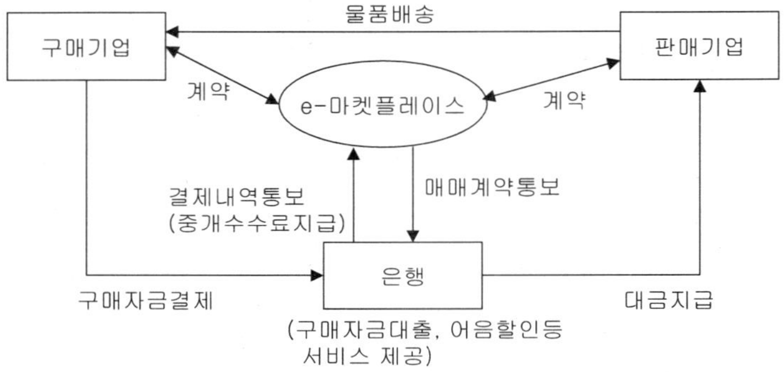

그림 5-6 이마켓플레이스 B2B 전자결제 흐름도

(자료원: 한국경제, 2001년 7월 24일, p. 22)

5.6 B2B 엑스체인지

5.6.1 엑스체인지의 개념

엑스체인지(exchange)란 다수 대 다수의 이마켓플레이스이다. 다수 대 다수란 구매자가 다수이고 판매자도 다수라는 뜻이다. 엑스체인지는 커뮤니티 활동을 지원해주기 때문에 방문자들은 해당 분야의 뉴스나 정보를 얻을 수 있다. 엑스체인지는 넷마켓플레이스(net marketplace)라도도 한다. 엑스체인지는 일반적으로 판매자도

구매자도 아닌 제3자가 소유하고 운영한다. 제3자 중개상은 엑스체인지를 효율적이고 공정하게 운영할 수 있다. 하나의 산업에 속하는 몇 개의 기업들이 모여서 컨소시엄을 형성하여 모두가 이익을 누릴 수 있는 엑스체인지를 설립하기도 한다 (Turban et al., 2011).

제3자 엑스체인지는 판매자나 구매자 어느 한쪽을 유리하게 하지 않고 중립적 위치에서 시장을 운영할 수 있다. 그러나 이익을 내기 위해서는 충분히 많은 수의 거래 기업과 거래 규모를 확보하여야 한다. 그래서 대기업, 금융기관, 유통회사들과 제휴하여 시장 참여자들을 안정적으로 확보하고 운영할 필요가 있다. 엑스체인지는 유동성(liquidity)을 확보해야 한다. 유동성이란 마켓플레이스에 충분한 거래량과 참여자를 가지는 것을 의미한다. 유동성은 엑스체인지를 성공적으로 운영하는데 필요하다.

5.6.2 수직적 엑스체인지와 수평적 엑스체인지

엑스체인지는 모든 구매자와 판매자에게 개방되어 있어서 누구든지 참여할 수 있으므로 공적 이마켓플레이스라고 한다. 엑스체인지를 수직적 엑스체인지와 수평적 엑스체인지로 구분할 수 있다. 수직적 엑스체인지(vertical exchange)에서는 하나의 산업 부분에서의 상품을 거래한다. 예컨대, 철에 대한 온라인 경매를 하는 엑스체인지(e.g., e-steel.com)는 수직적 엑스체인지이다. 수평적 엑스체인지(horizontal exchange)는 여러 산업에서 공통적으로 필요한 상품을 거래한다. 자동차 산업에 속하는 현대자동차나 철강 산업에 속하는 포스코나 모두 MRO를 취급하는 수평적 엑스체인지에서 거래할 수 있다.

5.6.3 동태적 가격결정

수직적 엑스체인지와 수평적 엑스체인지에서 시장 운영자는 수요와 공급을 일치시키는 역할을 한다. 가격은 특정 상품에 대한 수요와 공급에 의해 결정된다. 수요와 공급은 시간이 흘러감에 따라서 변화하기 때문에 가격도 변한다. 시간이 지나감에 따라서 가격이 변하는 것을 동태적 가격결정(dynamic pricing)이라고 한다. 동태적 가격결정은 주식시장에서 쉽게 관찰할 수 있다. 예컨대, 삼성전자라는 기업의 주식은 시장이 열리면 매일 그 시각의 수요와 공급에 의해 가격이 결정되며 가격변화를 일봉이나 분봉 그래프에 의해 나타낼 수 있다. 동태적 가격결정에서는 같은 상품이라도 고객에 따라서 다른 가격에 거래될 수 있다. 동태적 가격결정과정은 아래와 같다:

① 상품에 대한 구매 입찰가격을 제시하거나 판매 제안을 한다.
② 매매 당사자들은 구매입찰내용과 판매제안내용을 볼 수 있으나 누가 매매에 참여하는지는 알 수 없다.
③ 매매 당사자들은 실시간으로 입찰과 제안을 체크하고 그 내용을 변경할 수도 있다.
④ 매매 당사자 간에 가격, 수량 등이 일치하면 매매가 성사된다.
⑤ 매매가 종결되고 대금이 지불되고 상품의 배달이 일어난다. 주식 매매의 경우 HTS에서 대금 지불과 주식의 입고를 확인할 수 있다.

5.6.4 컨소시엄 트레이딩 엑스체인지

컨소시엄 트레이딩 엑스체인지(consortium trading exchange: CTE)는 하나의 그룹의 회사들이 설립하여 운영하는 엑스체인지이다. CTE 역시 구매 중심 CTE와 판매 중심 CTE로 구분할 수 있다. 구매 중심 컨소시엄은 매우 흔한 B2B 컨소시엄 모델이다. 회사들이 하나의 그룹을 만들어 구매과정을 개선하고자 한다. 하나의 산업에 있어서 대규모 구매자들이 CTE를 만들어 운영하는 경우 수직적 구매 중심 CTE가 된다(e.g., Covisint). 수평적 구매 중심 CTE는 여러 가지 다른 산업에 속하는 기업들이 연합하여 그들의 MRO의 공급사슬을 개선하기 위해 컨소시엄을 만든 것이다.

사례 5-4. Covisint

세계적인 자동차 제조업체는 많지 않다. 그러나 그들은 부품과 원자재를 수천의 공급자들로부터 구매한다. 그 공급자들 역시 하위 단계의 수천 공급자들로부터 부품이나 원재료를 구매한다. 이러한 조달과정이 때때로 느리고, 고비용 구조를 가지고, 그리고 비효과적일 수 있다.

코비즌트(Covisint)는 2000년에 GM, 포드, 다임러클라이슬러와 같은 자동차업체들이 공동 출자하여 만든 B2B 구매 중심 마켓플레이스이다. 코비즌트는 미국 자동차업체들이 설립했지만 미국업체만 참가하지는 않는다. 프랑스의 르노, 일본의 닛산 등과 델라이, 다나 등 부품업체 40여개도 참여하고 있다. 한국의 현대자동차도 이 전자상거래망에 참여한다고 한다. 배기가스장치와 서스펜션을 만드는 미국의 어빈메리터는 두 시간만에 사출성형(injection-molded) 플라스틱 부품을 코비즌트(www.covisint.com)를 통해 경매로 구입했다.

코비즌트는 부품업체에 이어 일반 완성차업체의 경매도 취급한다. GM, 포드, 다임러, 르노 등 완성차업체들은 이 사이트를 통해 부품업체를 선정할 예정이다. 이를 위해 이들은 최근 인터넷을 통해 구매부품의 품목과 기준 선정 등 준비작업을 마쳤다.

완성차업체들이 부품을 인터넷으로 구매할 경우 세계 자동차 시장에 일대 지각변동을 몰고 올 것으로 보인다. 자동차업체들은 이 사이트를 이용하여 부품을 적기에 저렴한 가격에 적기공급받을 수 있다. 반면 부품업체들은 납품할 수 있는 기회를 넓힐 수 있다. 협력업체 관리와 차량 공동개발 등을 통해 품질 향상은 물론 원가절감이 가능해진다. 자동차업계는 코비즌트를 통해 완성차는 368달러, 부품업체는 695달러의 대당 투입비용을 절감할 수 있을 것으로 예상하고 있다.

웹상에서 자동차 제조업체의 생산일정과 수반되는 변경내용이 즉시 공급사슬에 참여하는 모든 기업들에게 알려진다. 그 결과 공급사슬의 모든 단계에서 재고수준이 낮아질 수 있고 시장변화에 민감하게 대응할 수 있다.

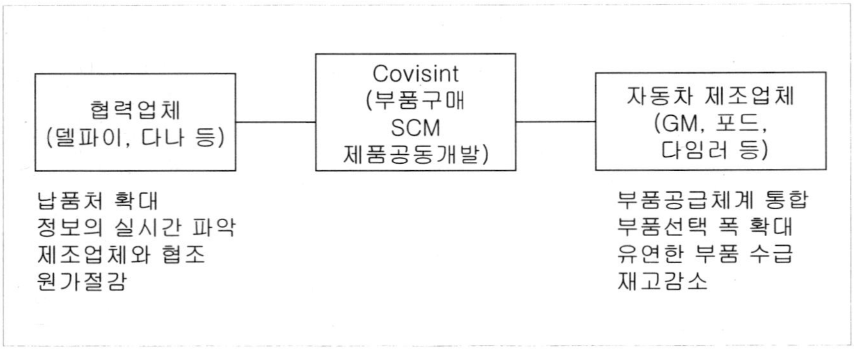

그림 5-7 코비즌트

(자료원: 한국경제, 2000. 10. 24, p.41)

사례 5-5. MRO e마켓의 바람직한 수익모델

국내 주요 MRO(기업 소모성 자재) B2B e마켓플레이스의 수익모델은 구매대행형과 거래중개형으로 나눌 수 있다. 거래중개형은 구매자가 e마켓플레이스에서 전자카탈로그를 검색해 구매하거나 경매, 역경매 등을 통해 물품을 사고 e마켓 운영자에게 수수료를 내는 수익모델이다. 구매대행형은 e마켓 회사가 구매회사로부터 주문을 받아 저렴하게 물품을 매입하여 공급해주고 차익을 얻는 거래방식이다. e마켓 회사는 물품의 배송까지 책임을 진다. 거래중개형에는 gtwebkorea.com, entob.com등이 있고 구매대행형에는 imarketkorea.com, mro.co.kr, ebizline.com 등이 있다.

구매대행은 오프라인의 유통회사를 온라인으로 옮긴 것에 불과하다는 비판이 있다. 삼성관계사의 구매를 대행하고 있는 아이마켓코리아의 경우 지난 1월 초 문을 연 후 지금까지 445억원의 매출을 올리고 있다. 비용절감 효과도 확인되었다. 과거에 비해 물품 단가가 평균 8% 내렸고 주문에서 납품까지의 기간도 평균 18.5일에서 9.2일로 크게 줄었다. MRO코리아 역시 SK계열사의 MRO 구매업무를 아웃소싱하면서 순조로운 성장을 하고 있다.

(자료원: 한국경제, 2001. 5. 9, p.27)

5.7 인터넷 기반의 B2B 전자상거래의 유형

5.7.1 넷마켓플레이스와 사적산업 네트워크

두 가지 유형의 인터넷 기반 B2B 전자상거래 시스템이 있다: 넷 마켓플레이스와 사적 산업 네트워크(Laudon & Traver, 2008). 넷마켓플레이스(net marketplace)는 엑스체인지(거래소)라고도 하며 다수의 판매자와 다수의 구매자가 인터넷을 통해 디지털 시장에 참여한다. 넷마켓플레이스는 거래를 하기 위한 것이며 다수 대 다수의 관계와 일 대 다수의 관계를 모두 지원한다. 증권거래소와 같은 금융시장은 엑스체인지로 볼 수 있다.

사적 산업 네트워크(private industrial network)는 소수의 전략적 비즈니스 파트너 기업들이 모여 효율적인 공급망을 구성하고 고객 수요를 만족시키기 위해 협력한다. 사적 산업 네트워크는 관계를 기반으로 하고 회사 내부의 협력적 작업 환경과 유사하게 보인다.

5.7.2 넷마켓플레이스의 유형

Laudon & Traver(2008)는 넷마켓플이스를 취급하는 상품과 거래의 종류에 따라서 아래와 같이 네 가지로 구분하였다(그림 5-8).

◦ 간접상품의 수시구매: 전자유통업자

◦ 간접상품의 장기계약구매: 전자조달

◦ 직접상품의 수시구매: 독립적 엑스체인지

◦ 직접상품의 장기계약구매: 산업컨소시엄

그림 5-8 넷마켓플레이스의 유형

(자료원: Laudon & Traver, 2010)

(1) 간접상품의 수시구매

간접상품의 전자유통업자(e-distributor)는 많은 MRO 제조업자가 공급하는 상품에 대한 전자카탈로그를 웹사이트에 게시하고 많은 고객기업들을 대상으로 판매한다(그림 5-9). 하나의 전자유통업자가 다수의 고객기업들을 대상으로 판매한다는 점에서는 일 대 다수(one-to-many) 시장이라 볼 수 있다. 전자유통업자는 중간상인으로서 기업고객이 필요할 때 수시로 MRO를 구매할 수 있도록 한다. 기업고객은 전자유통업자의 온라인 카탈로그에서 상품에 대한 가격, 성능 및 기타 내용에 대한 정보를 얻고 온라인으로 주문할 수 있다. 전자유통업자는 MRO 공급자로부터 상품을 구매하여 일정 이윤을 부가한 가격으로 기업고객에게 판매한다. 다시 말해서, 구매가격과 판매가격의 차이가 수입원이 된다. 따라서 B2C에서 전자소매업자와 유사하다.

그림 5-9 MRO 전자유통업자

사무용품, 냉난방용품, 청소기기 등과 같은 MRO는 어느 산업의 기업이든 필요한 것이므로 간접상품의 유통업자는 수평적 시장을 운영하는 것이다. 고객기업은 이

그림 5-10 grainger.com(MRO 전자유통업자)

러한 이마켓플레이스를 이용함으로써 쉽게 필요한 상품을 찾아서 보다 저가에 구매할 수 있다. MRO 전자유통업자의 예를 들면 grainger.com가 있다(그림 5-10)

(2) 간접상품의 장기계약구매: 전자구매(e-procurement)

간접상품의 장기계약구매를 가능하게 하는 이마켓플레이스는 많은 MRO 공급자들을 구매기업들과 연결시켜 거래하도록 지원한다(그림 5-11). 이 전자시장을 운영하는 중간상인은 중립적이어서 판매자나 구매자 어느 한 쪽을 유리하게 하지 않는다. 전자적 중간상인은 각 거래에 대한 수수료, 소프트웨어 사용료, 통신망 사용료 등을 수입원으로 삼는다. 이 중간상인은 또한 구매 기업이 주문을 내고 대금을 지불하는 구매 프로세스를 자동화해주고, 공급 기업이 전자카탈로그를 생성하고 주문을 받고 송장을 보내는 등 판매 프로세스를 자동화해준다.

그림 5-11 e-procurement net marketplace

이러한 전자시장은 다수 대 다수 시장으로서 많은 판매자와 많은 구매자가 거래하는 곳이다. 이들의 거래는 독립적인 제3자인 중간상인에 의해 중개되는 것이다. 그러나 경쟁적인 공급자들의 카탈로그를 준비해서 구매자들에게 제공하므로 공급자들은 보다 저가에 판매할 수밖에 없는 입장에 놓인다. 그러나 공급자들은 이 전자시장에 들어오게 되면 많은 구매기업들을 만날 수 있게 되므로 고객 확보가 용이해진다는 편익도 있다. 이 유형의 대표적 기업으로서 Ariba.com이 있다(그림 5-12).

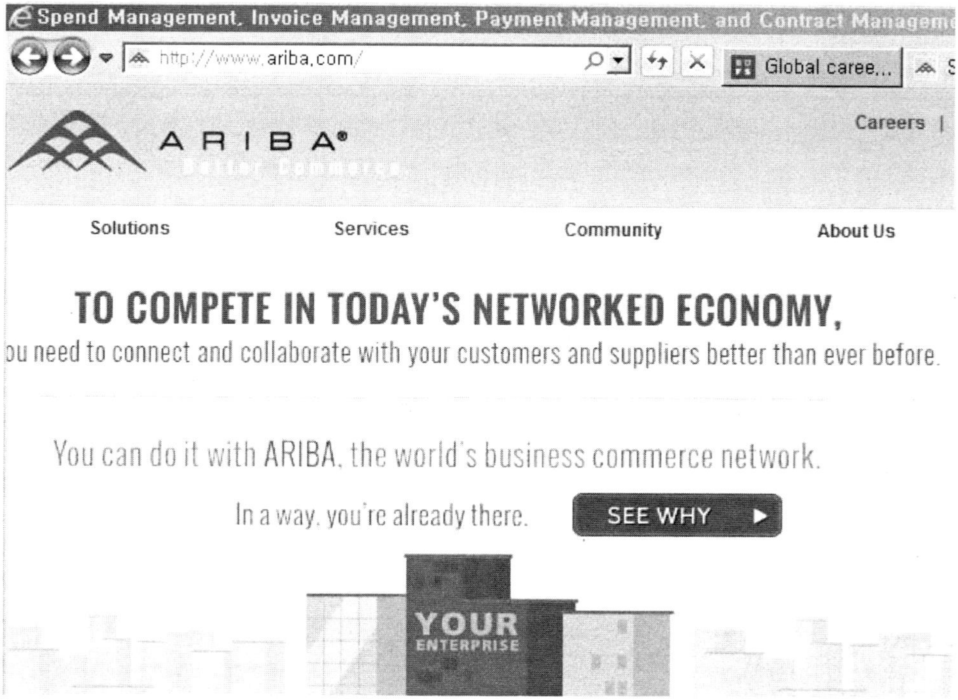

그림 5-12 ariba.com (e-procurement net marketplace)

사례 5-6. 원자재 구매 B2B 구축

삼성전기(www.sem.samsung.co.kr)가 원자재 구매에 관한 전자상거래 글로벌 소싱 B2B 시스템을 구축했다. 삼성전기는 세계 최대 B2B 솔루션업체인 Ariba의 전자상거래 시스템을 도입했으며, 국내외 전사업장에서 개발구매 업무에 활용한다.

Ariba의 전자상거래 시스템은 "구매 자재정보 입력(구매자) → 공급조건 및 단가 입력(공급자) →입력정보 자동 비교분석 → 최상의 공급처 선정"의 모든 과정을 실시간으로 자동프로세스에 의해 처리해주는 첨단시스템이다. 삼성전기는 이와 같은 시스템의 적용으로 신규 구매선을 발굴해 원자재를 구매하기까지 걸리던 시간을 기존 12주에서 3주로 단축하는 것으로 보았다.

또한 Ariba가 보유하고 있는 4만여 회사의 데이터를 공유함으로써 800여개에 불과한 구매선을 대폭 확대시키는 효과를 얻고, 이에 따라 다양한 거래선의 경쟁 분석을 통한 원자재 구매로 최상의 원가경쟁력을 확보해 연간 1,100억원의 구매비용 절감 효과를 얻을 수 있을 것으로 기대하였다.

(자료원: 머니투데이, 2001. 8. 20)

(3) 직접상품(direct goods)의 수시구매: 독립적 엑스체인지

엑스체인지는 특정 산업의 상품을 취급하는 수직적 시장으로서 많은 판매자와 많은 구매자가 실시간 환경에서 거래할 수 있다(그림 5-13). 엑스체인지는 다수 대 다수 시장이다. 독립적 엑스체인지(independent exchange)는 전자, 철강, 화학 등 특정 산업의 기업이 필요로 하는 물품을 수시 구매할 수 있도록 하는 수직적 전자시장이다. 엑스체인지는 거래에 대한 수수료 수입을 얻는다.

그림 5-13 엑스체인지(many-to-many market)

엑스체인지에서 공급자는 상품을 팔기 위해 다른 공급자와 가격 경쟁을 해야 하므로 저가에 판매하게 된다. 그래서 공급자들이 시장 참여를 하지 않게 되면 엑스체인지는 유동성(liquidity) 문제를 가지게 된다. 유동성이란 판매자와 구매자의 수, 거

래량에 의해 측정할 수 있으며 언제든지 어떤 규모의 주문이든지 매매할 수 있으면 시장에 유동성이 있다고 할 수 있다. 대부분의 엑스체인지는 직접상품을 공급하는 수직적 시장이지만 어떤 엑스체인지는 간접상품(MRO)도 취급한다. 엑스체인지의 예로서 IT 상품을 취급하는 powersourceonline.com과 converge.com이 있다.

(4) 직접상품의 장기계약구매: 산업컨소시엄

산업 컨소시엄은 구매기업이 직접상품을 장기 계약으로 구매하는 수직적 시장이다. 산업 컨소시엄은 익명으로 수행되는 일회성 거래 보다는 안정적 관계를 바탕으로 필요한 원자재를 장기간 구매하는 것을 강조한다. 산업 컨소시엄의 목표는 공통된 데이터 정의와 컴퓨터 플랫폼을 통해 산업 내 공급망을 통일하는 것이다.

독립적 엑스체인지가 산업 내 대형 구매 기업들의 이해관계를 만족시키지 못한다고 생각하고 대형 구매 기업들이 공동으로 투자하는 전자시장을 구축하기로 하였다. 대기업들이 참여하게 되면 많은 거래가 생길 수 있으므로 독립적 엑스체인지가 가지는 유동성 문제도 해결될 수 있다. 산업 컨소시엄은 참여기업의 거래에 대해 수수료를 부과한다. 공급자들은 여기에 참여함으로써 대규모 구매업자와 장기적

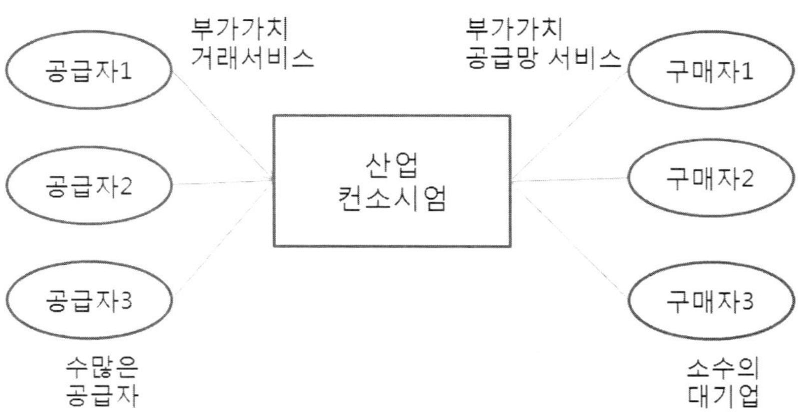

그림 5-14 산업 컨소시엄

관계를 구축할 수 있다.

산업 컨소시엄은 많은 수의 원자재나 부품의 공급자가 소수의 대기업과 거래할 수 있는 장터가 된다(그림 5-14). 산업 컨소시엄은 시장의 운영자로서 구매기업과 공급자들에게 거래에 필요한 소프트웨어 서비스를 제공한다. 주문, 배송, 지불 등의 프로세스를 자동화시키는 부가가치 서비스를 제공한다. 공급자들은 제품을 판매하기 위해서 컨소시엄이 제공하는 통신망과 소프트웨어를 이용한다.

산업 컨소시엄의 예로는 covisint.com이 있다. 미국의 자동차 제조업자들이 공동으로 구축하였다(그림 5-15).

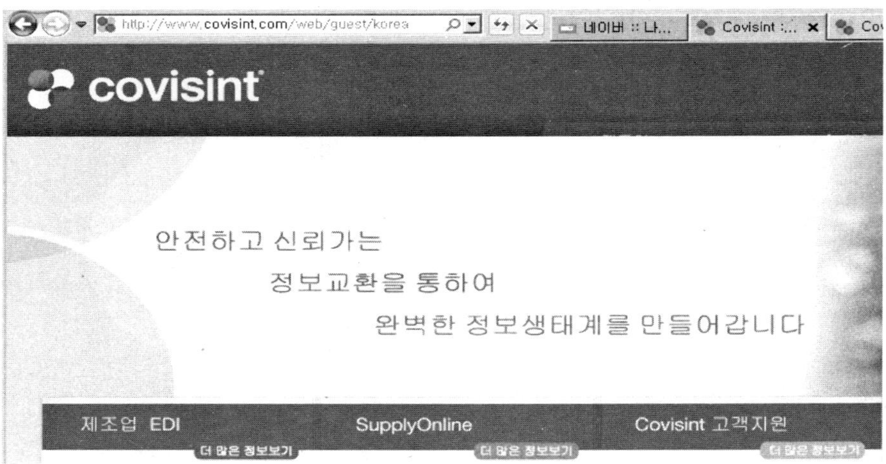

그림 5-15 covisint.com

5.7.3 사적 산업 네트워크

사적 산업 네트워크(private industrial network)는 B2B 전자상거래의 가장 큰 부분을 차지한다. 사적 산업 네트워크는 기존의 EDI가 발전한 것이라 볼 수 있다. 사적 산업 네트워크는 웹 기반의 네트워크로서 조직간 비즈니스 프로세스를 지원해준다. 사적 산업 네트워크는 하나의 기업에서 ERP 시스템으로 시작하여 기업의 주요 공급자를 포함하는 것으로 확장된다는 뜻에서 확장된 기업으로 볼 수 있다. 그림 5-16은 P&G(Procter & Gamble)의 사적 산업 네트워크이며 공급자, 제조업자, 도소매상이 산업 네트워크에 포함된다. 고객의 상품 구매 데이터는 판매 현장에서 POS(point of sale)시스템에 의해 포착되어 도매상, 제조업자, 그리고 공급업자에게 전달된다. 제조업자인 P&G와 그 공급업자들은 각 상품에 대해 수요량과 그 변화를 매일 알 수 있어서 고객 수요에 민감하게 대응할 수 있다. 기업 간에 협력할 수 있는 B2B 전자상거래 시스템이 갖추어짐으로써 많이 판매되는 상품은 더 많이 생산하여 납품하고 또한 부품도 비례해서 더 많이 준비하여 생산에 투입할 수 있다.

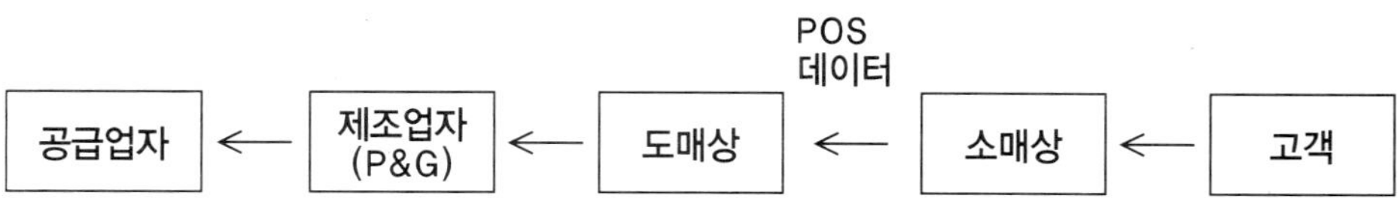

EDI 기반의 공급망 관리 시스템: 효율적 고객 반응 시스템

그림 5-1 Procter & Gamble의 사적 산업 네트워크

(자료원: Laudon & Traver, 2008)

하나의 공급사슬에 참여하는 기업들은 원재료나 부품의 조달, 제조, 배송 등의 업무를 수행한다. 그래서 그들 사이에 일어나는 거래는 B2B 전자상거래가 될 수 있다. 공급사슬에 참여하는 기업들은 상품을 단순히 구매하거나 판매하는 거래 외에 여러 가지 협동을 한다.

협동적 상거래(collaborative commerce)는 비즈니스 파트너들 간에 커뮤니케이션, 공동으로 수행하는 제품설계나 계획, 그리고 정보교환을 하는 것을 가리킨다. 협동적 상거래는 비즈니스 파트너들이 공동으로 상품과 서비스를 계획하고, 설계하고, 개발하고, 관리하고, 조사하는데 있어서 디지털 기술을 이용하는 것을 말한다. 이러한 활동은 매매와는 다르다. 협동적 상거래는 그룹웨어 같은 도구를 이용하여 전자적으로 커뮤니케이션, 정보공유, 협동적 계획을 하는 것을 의미한다. 이러한 협동적 상거래는 주로 공급사슬의 참가자들간에 이루어진다. 예컨대, 공급자가 부품을 설계하는데 있어서 제조업자가 공급자와 전자적으로 협동하는 것을 볼 수 있다. 제품설계나 예측과 같은 일을 회사들이 공동으로 함에 있어서 전자적으로 협동할 수 있을 것이다.

| 연습문제 |

1. 전략적 소싱과 수시구매를 비교하시오.
2. 직접자재와 간접자재를 비교하시오.
3. 수직적 마켓플레이스와 수평적 마켓플레이스를 비교하시오.
4. B2B 이마켓플레이스의 유형을 설명하시오.

〈주요용어〉

EDI
net marketplace
spot buying
MRO
exchange
전자조달(e-procurement)
RFQ
역경매
dynamic pricing
consortium trading exchange

제 6 장 소셜 네트워크 서비스와 경매

본 장에서는 웹 2.0과 소셜 미디어를 소개한다. 그 다음 페이스북과 트위터를 포함하는 소셜 네트워크 서비스를 예시하였다. 마지막으로 여러 가지 경매의 유형을 다룬다.

6.1 Web 2.0

6.1.1 Web 2.0의 개념과 특징

Web 2.0은 웹 사용자간의 협력과 상호작용을 용이하게 하는 보다 발전된 인터넷 기술과 애플리케이션을 가리키는 용어이다. Web 2.0은 진보된 인터넷 기술로서 블로그, RSS, 공개백과사전 등을 포함된다. Web 2.0은 취미가 같은 사람들, 뉴스나 정보를 웹에 올리고 지식을 다른 사람들과 공유하고자 하는 사람들이 참여하는 환경이다.

Web 2.0 이전에는 웹사이트 콘텐츠를 모아서 방문자들에게 일방적으로 보여주는 형식이었다. 반면에 Web 2.0에서는 웹 사용자들의 참여와 그들 간의 협력이 가능해진다. 공개백과사전의 내용을 일반 사용자들이 갱신하거나 네이버 지식서비스에 있어서 사용자가 자신의 지식을 추가하는 것은 Web 2.0의 특징이라 할 수 있다.

웹 사용자 스스로 참여하여 웹의 콘텐츠를 만드는 경우 정확성이 문제가 될 수 있다. 보통 사람들이 서로 주고받는 웹에서의 이야기와 토론에 있어서 그들이 생성하는 콘텐츠의 정확성에 대해 책임을 지지 않는다. 정확도를 좀 더 높이기 위해서는 웹에 올라오는 콘텐츠에 대해 관련 분야의 전문가들이 검토하는 방안이 있을 수 있다.

6.1.2 소셜 미디어

소셜 미디어(social media)는 사람들의 사회적 상호작용을 지원하며 Web 2.0의 한 현상으로 본다. 소셜 미디어란 사람들이 자신의 생각과 여러 가지 경험을 다른 사람들과 공유하기 위해서 이용하는 도구를 말한다. 소셜 미디어는 사람들을 웹 콘텐츠의 소비자일 뿐만 아니라 콘텐츠의 생산자가 되게 한다. 그래서 웹 이용자들 간에 글, 사진, 비디오, 음악 등을 서로 공유할 수 있다. 전통적인 미디어는 TV, 라디오 기타 인쇄물 등으로서 기업이나 콘텐츠 제공자가 일방적으로 사용자들에게 전달하였다. 소셜 미디어는 콘텐츠를 사용자가 스스로 창조하여 공개하는 것이다.

소셜 미디어의 종류에는 블로그, 위키(wiki), 마이크로 블로그(micro-blog), UCC(user created contents), 소셜 네트워크 서비스(social network service)가 있다

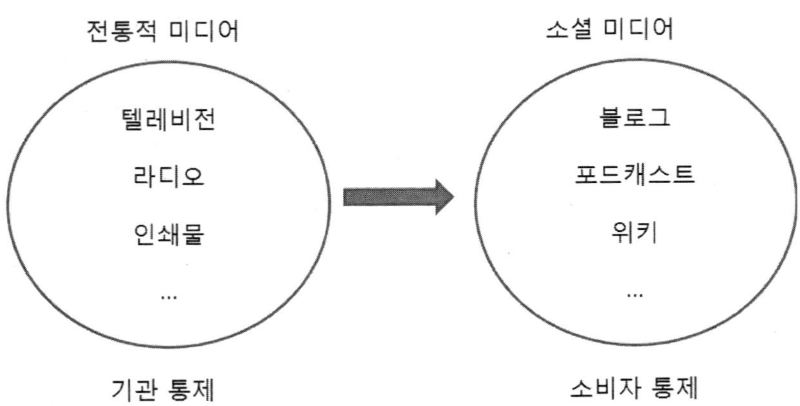

그림 6-1 소셜 미디어 출현

(자료원: Turban et al., 2009)

(그림 6-1). 블로그(blog)는 Web logging을 의미하며 특정 토픽이나 이슈에 대해 다른 사람들이 읽고 상호작용할 수 있는 개인적인 웹사이트이다. 위키는 다른 사람들이 동료로서 참여하여 콘텐츠를 추가하거나 삭제하거나 변경시킬 수 있는 블로그를 말한다.

사례 6-1 온라인 마케팅 2.0시대

마이스타벅스 아이디어(www.mystarbucksidea.com)는 스타벅스가 개설한 기업 블로그이다(그림 6-2). 이 곳에 회원카드의 크기를 줄이고 휴대하기 편하게 개선해 달라는 소비자들의 댓글이 쏟아졌다. 스타벅스 카드팀은 댓글 내용에 따라서 미니 스타벅스 카드를 만들었다. 결과는 대성공이었다. 카드가입 신청이 쇄도하였다.

온라인 마케팅이 진화하고 있다. 홈페이지나 배너광고 등을 통해 일방적으로 정보를 전달하던 것에서 블로그, 트위터, 페이스북과 같은 소셜네트워킹을 통해 고객과 직접 대화하는 방식으로 바뀌고 있다. SNS를 통한 온라인 마케팅은 제품 정보를 알리고 고객의 애로사항을 듣는 것에 그치지 않는다. 스타벅스 사례처럼 고객의 요청대로 마케팅 상품을 만드는 온라인 마케팅 2.0이 확산되고 있다.

스탁벅스의 경우 요즘 소비자들은 스타벅스에 가기 전에 스타벅스 블로그에 먼저 들른다는 말이 나올 정도로 온라인 마케팅을 통해 고객과의 소통을 실천한 대표적 사례이다.

기업들이 블로그나 트위터를 온라인 마케팅 수단으로 잇따라 도입하는 것은 고객들과 만나는 방식이 바뀌고 있기 때문이다. 소비자들은 더 이상 재미없고 일방적인 기업의 홈페이지를 방문하지 않는다. 제품정보, 사용후기 뿐 아니라 대표이사의 답변까지 볼 수 있는 블로그를 선호하는 소비자가 빠르게 늘고 있다.

국내 기업들도 블로그, 트위터 등을 활용한 온라인 마케팅에 속속 뛰어들고 있다.

LG전자는 기업 블로그 blog.lge.com을 개설, 댓글과 트랙백(링크 댓글)을 이용자에게 완전히 개방하면서 인기몰이를 하고 있다. SK텔레콤은 트위터를 개설한 후 두달 여만에 2000여개의 댓글이 달렸고 전화가 잘 끊긴다는 고객의 불만 사항에 대해 직원들이 실시간으로 답변, 트위터 상에서 화제를 모으기도 했다.

(자료원: 한국경제, 2009. 8. 20, A3)

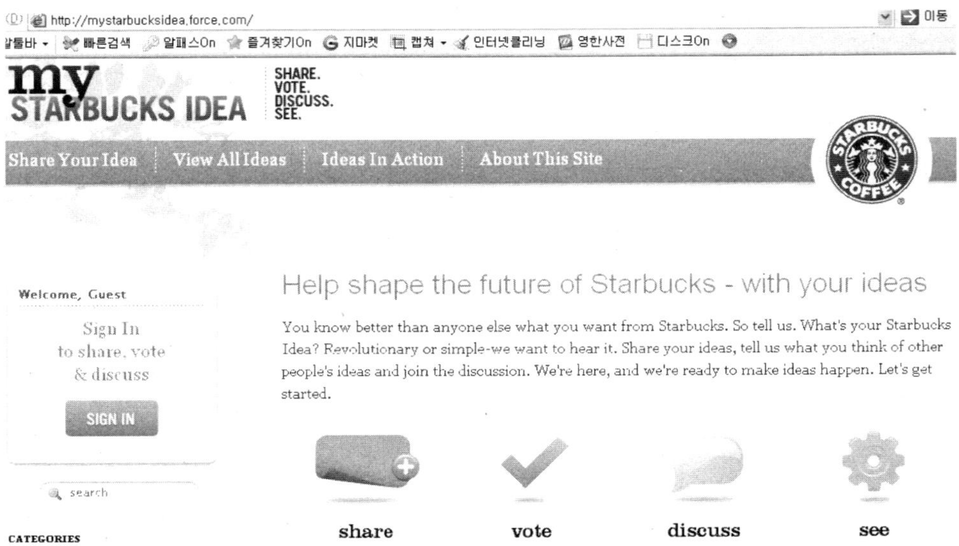

그림 6-2 기업 블로그: 마이스타벅스

(자료원: http://mystarbucksidea.force.com/)

6.2 소셜 네트워크 서비스

6.2.1 소셜 네트워크 서비스의 개념

소셜 네트워크(social network)는 사람들이 그들 자신의 공간이나 홈페이지를 만들 수 있는 장소로서 블로그(blog)를 만들고 사진이나 음악 혹은 비디오를 게시할 수 있고 자신의 아이디어를 다른 사람과 공유하며 다른 웹사이트와 연결할 수 있다(Turban & Volonino, 2010). 사회적 네트워크 이론은 사회적 관계를 개인을 의미하는 노드와 개인간의 관계를 나타내는 연결로 표현한다. 온라인상의 가상공간에서도 사회적 관계가 생성된다. 소셜 네트워크 서비스(Social Network Service, SNS)는 웹사이트에 프로필을 올리고, 다른 사람들과 대화하고, 지식이나 정보를 공유할 수 있게 하고, 인맥을 형성하고 관리하게 해주는 서비스를 말한다. SNS를 이용하기 위해서는 Facebook이나 Twitter와 같은 웹 사이트에 회원으로 가입해야 한다. SNS를 제공하는 대표적인 웹사이트는 아래와 같다.

- flickr.com: 사진 공유 웹사이트로서 자신이 가지고 있는 사진을 올려놓고 관심이 사람들이 볼 수 있도록 한다.
- facebook.com: 대학생들에게 인기 있는 사이트로서 고등학생, 회사원 등 누구나 참여할 수 있는 사회적 네트워킹 사이트이다.
- classmates.com: 회원들에게 친구나 지인들을 찾고 관계를 유지하는데 도움을 주는 사이트이다. 미국 초등학교, 고등학교, 대학교 동창생을 찾아준다.
- cyworld.com: 한국의 웹 사이트로서 미니홈피를 통해 일촌 맺기를 하여 온라인과 오프라인에서 관계를 구축할 수 있다.

6.2.2 소셜 네트워크 서비스 사례

사례 6-2 한국의 최근 소셜 네트워크 서비스

인터넷에서 사람들과 소식을 주고받고 인맥을 넓히는 소셜 네트워크 서비스(온라인 인맥관리 서비스)가 잇따라 등장하면서 2004년 싸이월드 미니홈피 이후 주춤했던 SNS 시장이 다시 활기를 띠고 있다. 특히 미니 블로그 트위터의 세계적인 열풍에 힘입어 국내에서도 비슷한 서비스들이 소개되고 있다. 하지만 대다수는 뚜렷

한 수익모델이 없고 서비스 차별성도 부족하다.

신규 인터넷 서비스는 대부분이 SNS이다. 최근 한국에서 미투데이나 트위터 등 미니 블로그 이용자가 빠르게 늘고 있지만 이들 외에도 글 이어쓰기나 온라인 친구 맺기 등 최근 새롭게 등장한 SNS는 20개에 이른다. 업계에서는 2008년 이후 새로 등장하는 인터넷 사이트는 대부분 SNS란 말이 나오고 있다. 2012년 5월 현재까지 서비스 중인 SNS는 표 6-1과 같다.

표 6-1 주요 소셜 네트워크 서비스

서비스명	오픈시기	특징
런파이프 www.runpipe.com	2009년	미니 블로그
링크나우 www.linknow.kr	2007년	직장인 중심 비즈니스 인맥 네트워크
미니로그 www.mnlog.net	2008년	미니팟이라는 메신저로 네트워크 형성
잇글링 www.itgling.com	2009년	주제별 이야기 엮어 쓰기
미투데이 me2day.net	2006년	미니 블로그

온라인 인맥관리시스템이 봇물처럼 터져 나온 계기는 미니 블로그의 원조격인 트위터 때문이다. 트위터는 미국에서 2006년부터 꾸준히 성장해왔다. 트위터의 성장을 지켜보며 가능성을 확인한 국내 벤처인들이 SNS로 몰리고 있다. 국내외에서 여러 차례에 걸쳐 성공 가능성을 입증 받았고 발전가능성이 많은 영역이기 때문이다. 그러나 새로이 생겨난 사이트들은 대체로 회원 부족과 수익모델 부재로 어려움을 겪고 있다. 배너 광고를 유일한 수익모델로 삼는 경우가 많으며 다양한 수익원을 발굴할 필요가 있다.

(자료원: 한국경제, 2009. 8. 12, A13)

사례 6-3 Facebook

페이스북(facebook.com)은 기본적으로 Web log를 의미하는 블로그나 미니 홈피와 비슷하지만 친구, 동료 등 지인들과 관계를 유지 관리하는데 편리하도록 만들어졌다(그림 6-3). 친구가 올린 최근 글을 내 홈페이지에서 확인하고 댓글을 달 수 있다. 회원 가입 때 입력한 공개 정보를 바탕으로 관계가 있을 것을 추정되는 사람을 친구 대상으로 추천해준다. 친구와 게임을 골라서 즐길 수 있다. 친한 사람들과 안부를 묻거나 의견을 교환하는데 편리하다. 트위터는 대중과의 접촉 창구라는 성격이 강한 반면 페이스북은 지인들간의 교류에 더 적합하다.

(자료원: 조선일보, 2010. 6. 12~13, C2)

세계 최대 소셜 네트워크 서비스로서 페이스북은 6년 만에 사용자 5억명을 넘어섰다. 인터넷에서 다양한 사람들과 소식과 사진을 주고받으며 교류할 수 있는 서비스로 2004년 하버드대학교 재학생인 마크 주커버그가 교내 학생들을 연결해주는 사이트를 만든 것이 시초였다. 페이스북의 특성은 개방성이다. 사회 계층이나 국가에 관계없이 온라인상에서 친구가 될 수 있다.

트위터는 여러 사람들에게 메시지를 전달할 수 있고, 싸이월드는 친구와 친밀한 관계를 맺고, 페이스북은 친구관리 외에 게임과 기사공유, 동영상 게재 등의 기능을 가진다. 페이스북에서는 앱 설치로 기능을 추가할 수 있고, 개인정보에 따라 친구를 자동으로 찾아준다. 그래서 연락이 끊긴 친구를 페이스북에서 다시 찾을 수 있다.

(자료원: 조선일보, 2010. 7. 23, A16)

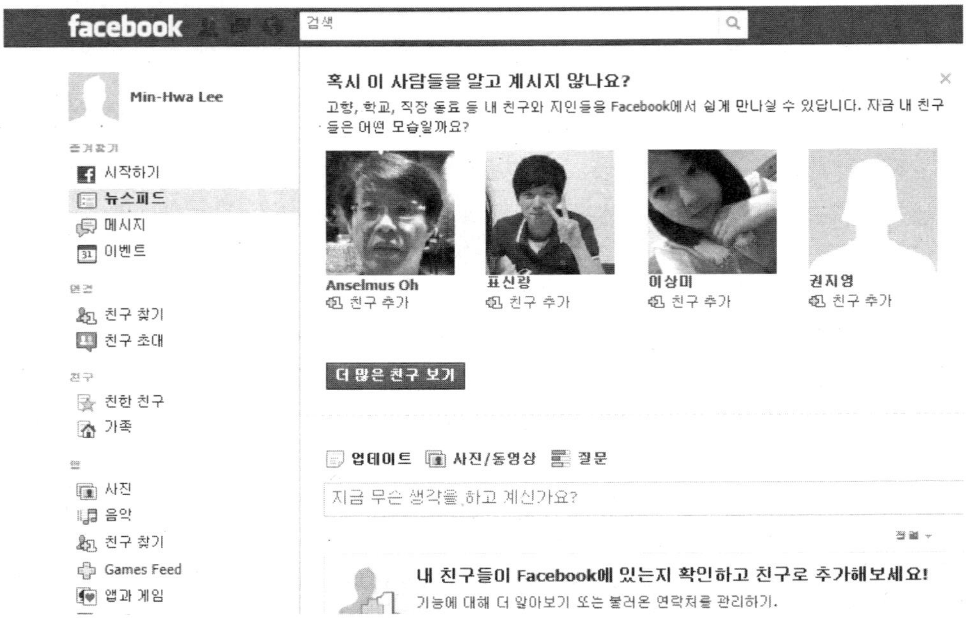

그림 6-3 페이스북(Facebook.com)

사례 6-4 Twitter

트위터는 스마트폰이나 PC에서 140자 이내의 문자 메시지를 다른 사람들에게 보낼 수 있는 무료 마이크로블로그 서비스이다(그림 6-4). 트위터 역시 소셜 네트워크 서비스로서 자신의 의견이나 이야기를 트위터를 통해 보내면 follower들에게 즉시 전달되며, 다른 사람의 메시지를 읽고 싶으면 follow를 신청하면 된다. Follower는 내가 쓴 글을 받아 보겠다고 등록한 사람이고 following은 내가 다른 사람의 글을 받아 보는 것이다. Follower들은 메시지를 받아 retweet하여 다른 사람들에게 전달할 수 있다. 다른 사람의 글을 더 이상 받기 싫으면 unfollowing하면 된다. 상대방의 글을 쉽게 볼 수 있고 리트윗 할 수 있기 때문에 일반적인 인터넷 서비스 보다 정보가 퍼지는 속도가 훨씬 빠르다.

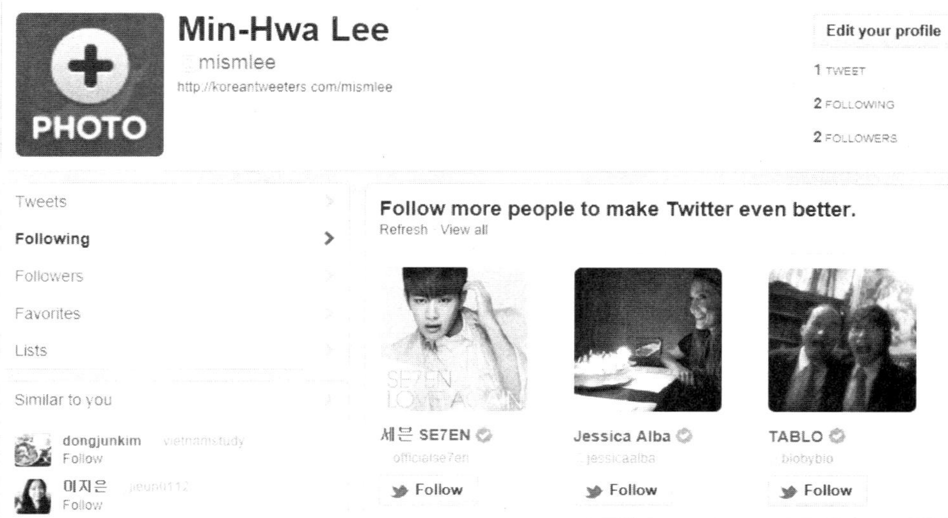

그림 6-4 트위터(twitter.com)

트위터의 마케팅 활용

일본의 대표적 가격비교사이트 EC나비는 트위터로 신입사원 모집 공고를 냈다. 지원자격은 10명 이상의 팔로워가 있는 트위터들이고 지원도 트위터로만 받았다. 10명을 뽑는 신입사원 모집에 약 100명의 트위터들이 몰렸다.

와인가게 운영자가 어떻게 와인을 즐길 수 있는지를 솔직하고 재미있게 이야기 해주는 비디오 블로그는 매일 수만의 시청자를 가지고 있었다. 페이스북과 트위터에 이 비디오 블로그를 띄워서 와인가게 매출을 10배 이상 증가시켰다. 다이렉트 메일이나 옥외광고에 비해서도 트위터 마케팅은 적은 비용은 더 큰 효과를 올렸다.

포드자동차는 신차를 출시하면서 이를 영향력있는 블로거들에게 알려서 신차 이름을 신세대들에게 미리 알리는데 성공하였다. 미국 신세대의 30%이상이 신차 포드 피에스타가 출시되기 전에 그 이름을 알게 되었다.

영향력이 있는 개인 트위터들은 수입을 올릴 기회가 있다. 광고 네트워크 회사 애드닷라이는 2만명의 트위터와 계약을 체결하여 그들이 트윗을 하면서 광고를 실으면 돈을 지불하고 있다.

(자료원: 조선일보, 2010. 2. 10. B10)

사례 6-5 사이버 인맥쌓기: 트위터, 미투데이, 요즘, 커넥트

마이크로 블로그는 웹이나 휴대폰 문자메시지를 통해 다른 사람과 짧은 글을 공유하는 서비스이다. 마이크로 블로그는 인맥을 관리하는 방식에 따라서 개방형과 폐쇄형으로 구분된다. 트위터와 다음의 요즘은 개방형으로서 자유롭게 지인을 추가하여 타인을 글을 공유할 수 있다. 반면에 네이버의 미투데이와 네이트의 커넥팅은 폐쇄형에 가까워서 친구를 신청하면 상대가 수락하는 절차를 거치는 관계형이다. 표 6-2에 각 서비스를 비교하였다.

트위터: twitter.com

네이버 미투데이: me2day.net

다음 요즘: yozm.daum.net

네이트 커넥트: hello.nate.com/nateconnect/connecting.asp

표 6-2 소셜 네트워크 서비스 비교

	트위터	미투데이	요즘	커넥팅
서비스 출시	2006년	2007년	2010년	2010년
특징	실시간 뉴스와 정보 공유	일상사 공유	관심주제 공유	일촌 등 친한 사람과 공유
글자수 제한	140자	150자	150자	150자
인맥맺기	누가나 팔로어 등록	상호 동의 필요	검색, 추천 등으로 등록	싸이월드 일촌, 네이트온 버디에서 선택

(자료원: 한국경제, 2010. 3. 24, B1)

사례 6-6 기업의 SNS 활용

SNS가 널리 확산되면서 기업도 SNS를 적극적으로 활용하는 방안을 찾고 있다. 캘리포니아 대학 도나 호프만 교수는 기업의 SNS 활용 목표를 브랜드 인지도 제고, 브랜드 참여, 입소문으로 제시했다.

트위터를 통한 인지도 제고와 트위터를 통한 판매: SNS가 소비자와 대화할 수 있는 창구가 된다. 2006년 사업을 개시한 네이키드 피자는 미국에서 흔히 볼 수 있는 지역 피자 가게다. 2009년 트위터를 통해 홍보하기 시작했고 14000명 이상의 팔로어가 있다. 피자 주문도 트위터로 받는다. 판매의 85% 정도가 트위터 주문인 때도 있다. 회사 간판에도 인지도가 높아진 트위터 주소를 새겨 넣었다.

트위터 사용자의 참여 유도: 일본 패션 브랜드 유니클로는 전세계 젊은이들을 대상으로 유니클룩스라는 공간을 운영하고 있다. 유니클로 의상을 입고 포즈를 취한 사람들의 사진을 모아 놓은 공간으로 트위터나 페이스북 계정이 있으면 누구나 사진을 올리고 베스트를 뽑는 투표에 참가할 수 있다. 다른 브랜드의 비슷한 행사는 일회성인데 비해, 유니클로는 1주일마다 베스트 드레서를 선정해 SNS족들의 참여율을 높였다. 사용자들이 콘텐츠에 만족하면 자발적으로 참여하는 경향이 있고 이를 주위에 퍼트리게 된다. 기업이 항상 뻔한 메시지를 자주 트윗하지 말고 SNS 계정을 가진 그들을 참여시킬 수 있어야 한다.

입소문 목적의 활용: 네덜란드 항공사 KLM은 행복전파 캠페인을 하고 있다. 비행기에 타기 전에 승객의 페이스북과 트위터를 검색해 승객에게 깜짝 선물을 한다. KLM은 자신의 트위터에 출장 가야 해서 이번 시즌 중에 가장 중요한 축구 경기를 놓치게 생겼다고 불만을 털어놓은 고객을 비행 전에 찾아가 여행 책자를 선물했다. KLM 직원들은 그 책자에 축구 경기를 중계하는 뉴욕의 술집을 형광펜으로 따로 꼼꼼히 표시해뒀다. 사람들은 자기 기대 수준을 훨씬 뛰어넘는 경험을 할 경우, 이를 다른 사람들과 나누고

싫어한다. 트위터를 이용해 KLM을 입소문내는 좋은 방안이다.

(자료원: ChosunBiz.com, 2011. 10. 6).

6.2.3 비즈니스 네트워크와 기업가 네트워크

비즈니스와 관련된 소셜 네트워크 서비스로서 비즈니스 네트워크와 기업가 네트워크가 있다(Turban et al., 2009). 비즈니스 네트워크(business network)는 비즈니스를 수행하는데 관련 있는 사람들 간의 연결이다. 거래를 하는 관계에 있거나 같은 구매자로서 관계를 가지는 경우도 있다. 사교 모임이나 취미 클럽에서 비즈니스와 관련 있는 사람들을 만날 수 있고 인터넷에서도 사람들을 만나는 기회를 찾을 수 있다. 예를 들면, Linkedin이 있다(그림 6-5).

그림 6-5 비즈니스 네트워크(자료원: Linkedin.com)

기업가 네트워크(entrepreneurial network)는 어떤 비즈니스를 시작하거나 향상시키는데 필요한 자원을 제공하는 사회적 조직이다. 기업가 네트워크는 회원들이 비즈니스를 하는데 서로 도움을 줄 수 있는데, 서로 보완적인 다양한 전문가와 자원을 회원들이 가지고 있기 때문이다. 예를 들면, ecademy.com이 있다(그림 6-6).

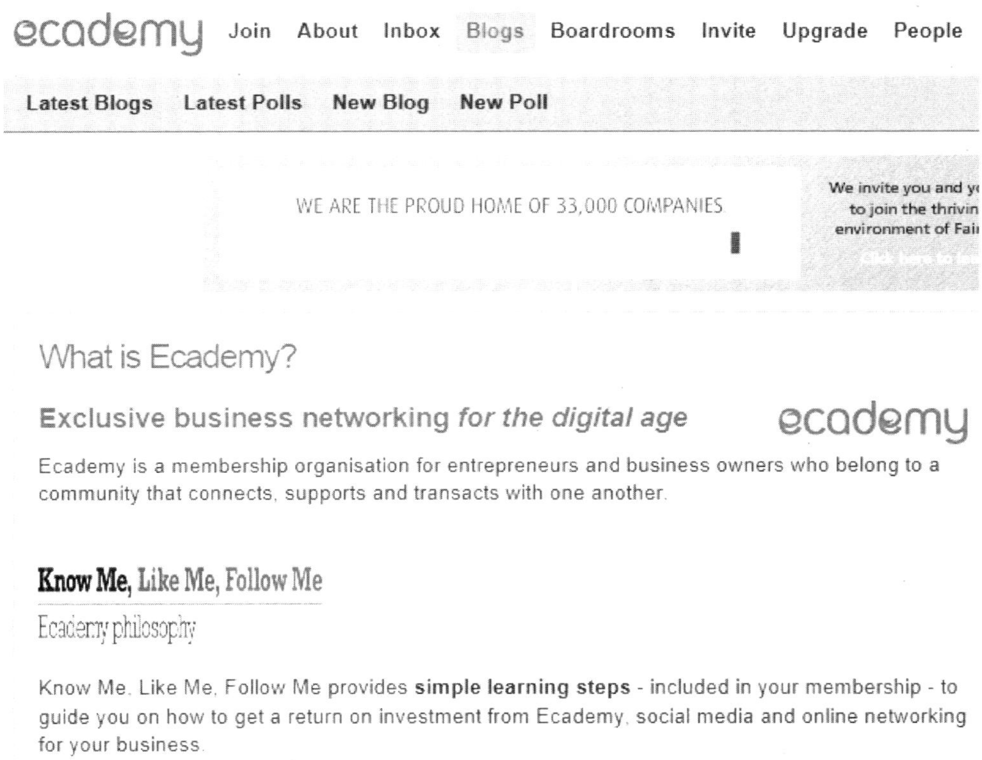

그림 6-6 기업가 네트워크(자료원: ecademy.com)

6.3 온라인 경매

6.3.1 경매와 동태적 가격결정

가격결정에는 고정가격결정과 동태적 가격결정이 있다. 전통적인 시장에서는 고정가격결정(fixed pricing)을 이용한다. 고정가격이란 하나의 지역이나 국가 내에서 어디에서든지 누구에게나 하나의 가격을 적용하는 것이다. 소매체인점들이 여러 곳에 위치하지만 같은 가격으로 소비자는 원하는 상품을 구매할 수 있다. 반면에 동태적 가격결정에서는 고객의 수요특성과 판매자의 공급 상황에 따라서 가격이 변한다.

경매는 상품이나 서비스를 구매하거나 판매하는 참여자들 간의 경쟁에 따라서 가격이 결정되는 거래를 말한다. 경매과정은 동태적 가격결정(dynamic pricing)에 따른다. 동태적 가격결정에서는 고객이 그 상품에 대해 가치를 얼마나 부여하는가에 대한 상인의 이해와 얼마나 적극적으로 상인이 판매하려고 하는가에 따라서 상인이 가격을 변경할 것이다. 구매하려는 고객 역시 상인이 판매하려는 의지에 대한 이해와 고객 자신의 그 상품에 대한 필요성에 따라서 입찰가격을 변경할 것이다. 고객으로서 만약 어떤 상품을 당장 구입하기를 원한다면 몇일 기다리면 낮은 가격에 구매할 수 있는데도 불구하고 좀 더 높은 가격을 지불해야 할 것이다. 주식을 구매하는 경우 어떤 주식을 당장 보유하려고 하는 경우 몇일 기다리면 더 낮은 가격에 구매할지도 모르는 것을 현재로서는 높은 호가를 지불하고 매수 주문을 내게 될 것이다. 인터넷과 컴퓨터로 인하여 낮은 비용으로 효율적으로 경매를 진행할 수 있게 되었다. 어디에 위치하든 통신망을 통해 경매 사이트에 접속할 수 있으면 쉽게 경매에 참여할 수 있다. 새로운 형태의 동태적 가격결정은 아래와 같다(Laudon & Traver, 2010).

· 트리거 가격결정(trigger pricing): 모바일 상거래에서 가격은 소비자의 위치에 따라 달라질 수 있다. 예컨대, 식당에서 1 km 이내에서 걷고 있으면 스마트폰에 10% 할인 저녁 쿠폰이 날아온다.
· 사용 가격결정(utilization pricing): 제품의 이용정도에 따라서 가격을 조정하는 것을 말한다. 자동차 보험료를 1년 동안 달린 마일리지에 따라서 조정할 수 있다.
· 개인화 가격결정(personalization pricing): 고객이 제품을 얼마나 가치 있다고 생각하는지에 대한 상인의 추정에 기초하여 가격을 조정한다. 고급승용차가 출시되기 전에 이 모델의 승용차를 갖기를 바라는 고객으로부터는 좀 높은 가격으로 예약을 받을 수 있을 것이다.

온라인 경매는 C2C 전자상거래에서 찾아 볼 수 있다. 예컨대, 소비자가 옥션(auction.co.kr)과 같은 경매 사이트에 중고 런닝머신을 올려놓고 경매로 다른 개인에게 판매할 수 있다. 미국의 대표적인 경매 사이트는 이베이(eBay)이다. 경매는 B2B 전자상거래의 상당한 부분을 차지하며 기업의 구매 담당자는 종종 경매를 통해 필요한 물품을 조달한다. 기업이 과잉재고를 처분하기 위해서 B2C 경매를 이용하기도 한다.

6.3.2 경매의 편익과 비용

(1) 온라인 경매의 편익

인터넷 혹은 온라인 경매에 참여하는 소비자와 상인은 아래와 같은 경제적 편익을 얻는다(Laudon & Traver, 2010).

· 유동성(liquidity): 판매자들은 사고자하는 구매자들을 찾을 수 있고 구매자들은 판매자들을 찾을 수 있다. 전통적인 경매에서는 모든 판매자와 구매자가 한

곳에 모여야 거래가 가능했으나 인터넷을 이용하는 경매에서는 지구상에 어디에 위치하든 경매에 참여할 수 있게 되었다.

· 가치평가: 구매자들과 판매자들은 평가하기 어려운 품목에 대한 가격을 빠르고 효율적으로 결정할 수 있다. 예컨대, 수백년 전에 만들어진 도자기를 판매하려고 할 경우 경매에 의해 가격을 정할 수 있게 된다.
· 가격투명성: 인터넷 경매에서는 판매자가 요구하는 가격과 구매자가 입찰하는 가격을 모든 사람들이 볼 수 있다. 상인이 인터넷에서 특정 소비자에게 더 저렴하게 판매하는 것이 쉽지 않다. 그러나 경매 사이트가 세상에 다수 있으므로 사이트에 따라서 같은 품목이라도 다른 가격이 정해질 수 있다.
· 시장효율성: 경매는 상품을 낮은 가격에 판매하도록 하고 그래서 상인의 이익도 감소한다. 이것은 소비자 복지의 증가를 의미한다. 소비자는 저가로 처분하는 상품을 경매로 구입할 수 있다.
· 낮은 거래비용: 온라인 경매를 하면 제품을 구매하거나 판매하는 비용을 낮출 수 있다. 물리적 시장에서 이루어지는 매매에 비하여 적은 비용으로 매매할 수 있다. 여러 물리적 장소를 방문해서 쇼핑하는 것 보다 인터넷으로 전자 경매 사이트를 방문하는 것이 편리하기 때문이다.

(2) 경매 관련 위험과 비용

경매에 참여하는데 따르는 위험과 비용은 아래와 같다.

· 경매소요시간: 경매에 참여하게 되면 경매가 종료될 때 까지 기다려야 구매 물품을 이용할 수 있다. 또한 경매가 진행되는 동안 그 과정을 지켜볼 필요가 있다.
· 신뢰의 부족: 온라인 경매를 통해 물품을 구매하는 경우 판매자가 누구인지 모르는 상태에서 물품을 보지 않고 구매해야 하는 위험이 있다. 이러한 위험을 감소시키기 위해 경매 사이트는 판매자를 소비자가 평가하도록 하는 제도를

도입하고 있다.

6.3.3 경매의 분류

경매를 입찰과 낙찰 방법에 따라 분류하면 아래와 같다.

(1) 영국식 경매(English auction)

판매자가 판매할 물품을 제시하면 구매자가 입찰을 시작한다. 낮은 가격부터 제시하여 가격이 올라가므로 오름차순 경매라고 한다. 공개적으로 진행되며 최고가 제시자에게 낙찰된다. 이베이(ebay.com)와 옥션(auction.co.kr)에서도 영국식 경매를 볼 수 있다. 그림 6-7은 옥션에서 중고 스마트폰을 경매로 판매하는 웹 화면을 보여주고 있다.

그림 6-7 옥션의 경매(자료원: auction.co.kr)

(2) 네덜란드식 경매(Dutch auction)

공개적으로 진행되며 경매 시작 시 판매자가 최고가를 제안하고 가격을 내리면서 구매자가 나타나기를 기다린다. 가장 먼저 구매의사를 밝힌 구매자에게 낙찰된다. 내림차순 경매이다. 꽃, 채소 종류나 비행기 좌석 등과 같은 이른바 부패성 상품에 적용될 수 있다.

(3) 최고가 밀봉 입찰 경매(First price sealed bid auction)

비공개적이며 모든 입찰자가 동시에 입찰을 한다. 다른 사람이 구매하려고 써내는 가격을 알지 못한다. 입찰가격이 가장 높은 참가자에게 낙찰된다.

(4) 역경매(Reverse auction)

구매자가 구매희망 상품을 등록하면 다수의 판매자가 각각 입찰을 제시한다. 입찰을 제시한 판매자 중에서 가장 낮은 가격을 제시한 판매자에게 낙찰되는 구매자 중심의 경매이다. 기업이나 정부가 물품을 전자적으로 조달하고자 할 경우 많이 이용한다.

사례 6-6 MRO 구매대행사: 아이마켓코리아

기업에서 사용하는 MRO 구매를 대행해주는 아이마켓코리아(imarketkorea.com)는 역경매를 통해 공급사로부터 저렴하게 구입하여 경쟁력을 확보하고 있다(그림 6-8). 그림 6-9는 아이마켓코리아에서 수행하는 거래 형태를 보여준다.

아이마켓코리아는 MRO 품목의 구매 관리(Procurement Management), 전략구매 컨설팅 **및** 글로벌 서비스를 **제공하는** Global 산업재 전자상거래 기업**입니다.**

MRO란 Maintenance(유지), Repair(보수), Operation(운영)의 약자로 일반적인 기업 소모성 자재를 비롯하여 제품 생산에 직접 관련된 원자재 및 대형 설비를 제외한 모든 자재를 포괄 합니다.

MRO (Maintenance, Repair, Operation)

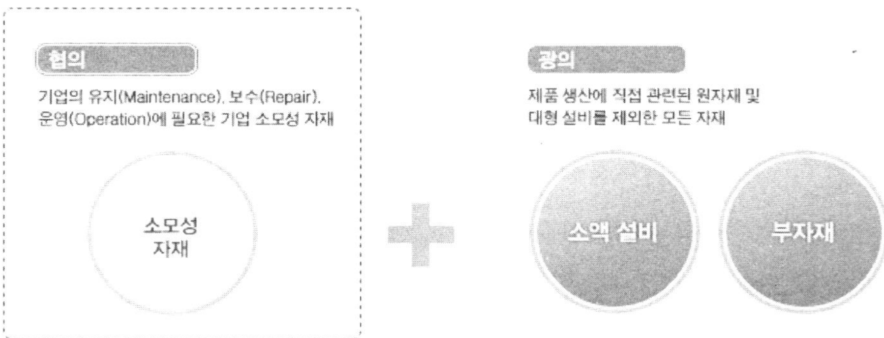

그림 6-8 아이마켓코리아의 사업소개(imarketkorea.com)

거래 형태

그림 6-9 아이마켓코리아 MRO 거래형태(imarketkorea.com)

(자료원: imarketkorea.com)

사례 6-7; 프라이스라인의 가격지정경매

여행객이 비행기, 호텔, 자동차 등을 예약할 때 프라이스라인의 웹사이트를 방문하여 가격지정경매(Name your own price) 비즈니스 모델을 이용할 수 있다. 구매자는 상품에 대해 기꺼이 지불하려는 가격을 제시하고 다수의 공급자들이 입찰한다. 소비자가 지정하는 가격에 공급자가 있으면 구매하겠다는 약속을 하는 것이다.

만약 샌프란시스코에서 LA에 가는 비행기 표를 찾는다면 지불하기를 원하는 가격을 입력하면 역경매를 통해 정해진 가격에 표를 제공할 수 있는 항공사를 안내해 준다. 너무 낮은 가격을 제시하면 그 가격에 공급하는 회사가 없을 수가 있다. 좀 더

그림 6-10 프라이스라인(priceline.com)

높은 가격을 제시하면 비행기 표를 찾을 가능성이 커진다(그림 6-10, 그림 6-11). 항공사는 시간이 지나면 없어지는 좌석을 낮은 가격이라도 팔아서 좋고 고객은 낮은 가격의 표를 찾을 수 있어서 좋다.

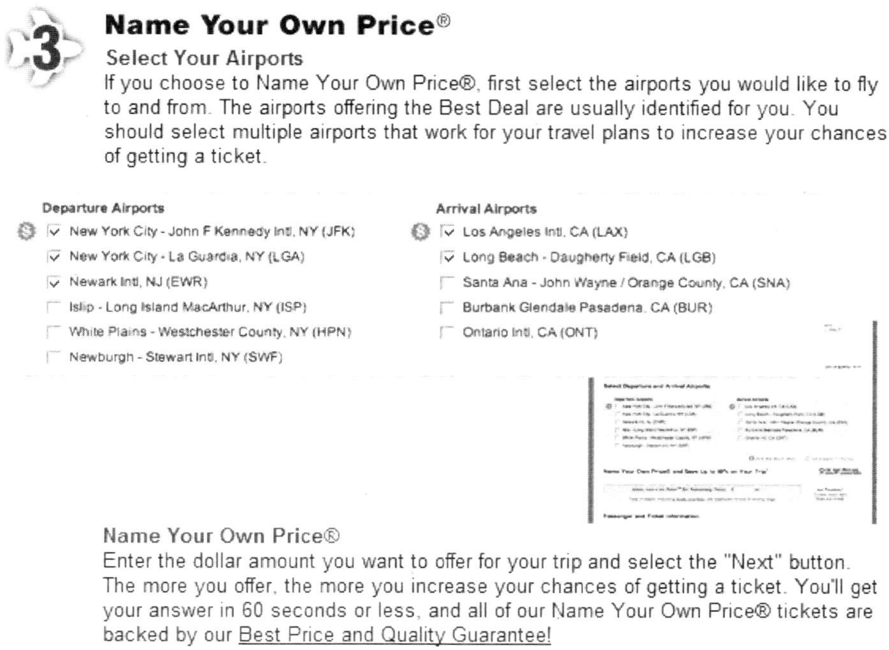

그림 6-11 Name your own price(priceline.com)

(자료원: priceline.com)

(5) 쌍방향 경매

쌍방향 경매(double auction)는 특정 상품에 대해 구매를 원하는 사람들도 입찰(구매가격과 수량을 제시)을 하고 판매를 원하는 사람들도 동시에 입찰(판매가격과 수량을 제시)을 하는 경우 매매하는 과정이다. 쌍방향 경매를 관리하는 경매인(auctioneer)은 구매자들과 판매자들이 제시하는 가격과 수량을 맞추어 거래를 처리한다. 예컨대, 주식을 매매하는 경우 매수자와 매도자는 현재가를 실시간으로 관찰하면서 주문을 할 수 있고 쌍방향 경매에 의해 거래가 체결된다. 그림 6-12에서 삼성전기 주식을 10주 매수하려면 매도 잔량이 107,500원에 5,273주가 있으므로 이 가격에 매수주문(입찰)하면 바로 거래가 체결된다. 시간이 흘러감에 따라서 체결되는 주가는 변화하므로 동태적 가격결정이라 할 수 있다.

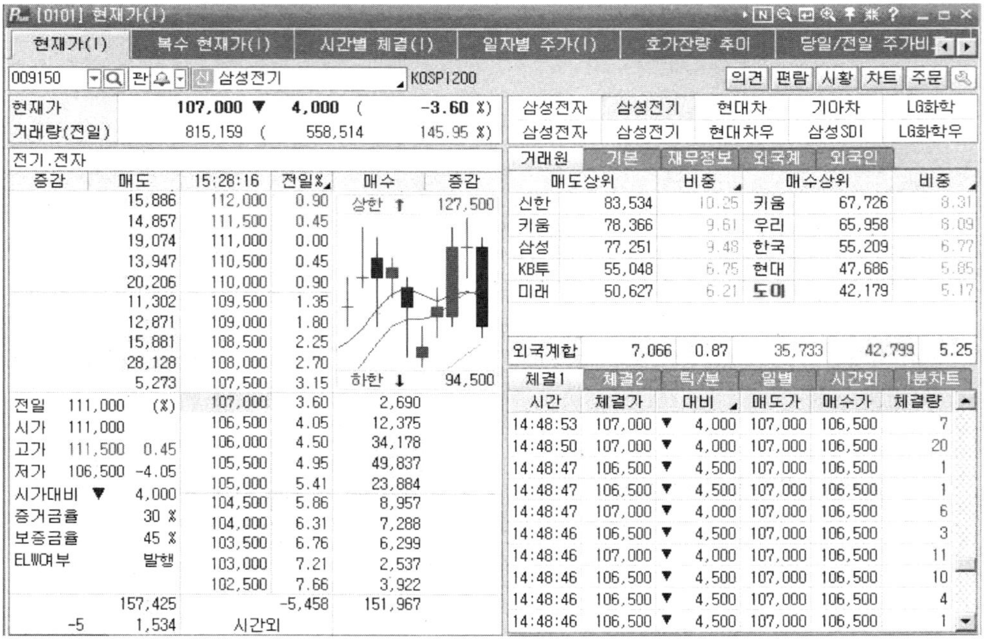

그림 6-12 쌍방향 경매 - 현재가 화면

(자료원: 한국투자증권 HTS)

〈주요용어〉

Web 2.0
social media
social network service
영국식 경매
네덜란드식 경매
reverse auction
double auction

제 7 장 모바일 상거래

본 장에서는 모바일 상거래의 개념과 모바일 기술을 간략히 설명하고 여러 가지 모바일 응용들을 사례와 함께 소개하였다. 모바일 금융, 모바일 영업, 모바일 오피스 등과 관련된 최근 사례 중심으로 다루었다.

7.1 모바일 상거래의 개념

7.1.1 모바일 상거래의 개념

모바일 상거래(mobile commerce)는 무선통신망을 통해 수행되는 비즈니스 활동을 말한다. 모바일 상거래는 모바일 비즈니스라고도 한다. 스마트폰과 같은 무선 모바일 기기를 이용하여 고객들에게 정보를 전달하는 것 외에 거래도 할 수 있다. B2C 뿐만 아니라 B2B에서도 모바일 상거래를 할 수 있다. 모바일 컴퓨팅은(mobile computing)은 모바일 기기를 통신망에 연결하여 수행하는 정보처리를 말한다.

7.1.2 모바일 기기와 모바일 컴퓨팅 서비스

전통적 컴퓨팅 환경에서는 사용자들은 고정된 장소에서 사무처리, 인터넷을 통한 정보조회나 거래 등을 한다. 이동 중에 언제든지 어디에서나 정보교환이나 거래를 하는 것이 어려웠다. 판매원, 방문하며 고장수리를 해주는 기술자들, 자주 출장하는 관리자들은 작업 현장에서 혹은 이동 중에 단말기를 이용하여 회사 시스템에 접속할 수 있으면 좋다. 이러한 상황에 대한 하나의 해결책은 모바일 컴퓨팅이다. 이것은 단말기를 이용하여 실시간으로 언제든지 어디에 있든지 정보시스템에 접속하는 것이다.

(1) 모바일 기기

스마트폰(smartphone)은 인터넷 연결이 가능하고 PC 기능을 가진 모바일 폰이다. 휴대폰과 컴퓨터 기능이 결합된 것이다. 스마트폰은 이메일, 웹브라우징, 멀티미디어 기능, 주소록, 달력, 계산기 등 다양한 기능을 가진다. 스마트폰도 운영체제를 가지며 컴퓨터 모니터 보다는 작은 화면, 메모리, 저장장치를 가진다. 스마트폰의 운영체제로는 구글의 안드로이드와 애플의 iOS 등이 있다.

노트북 컴퓨터나 태블릿 PC도 휴대하기에는 스마트폰 보다는 못하지만 무선 인터넷 연결이 가능하고 이동 중에 이용할 수 있다. 태블릿(tablet) PC는 화면이 스마트폰 보다 커지만 터치스크린을 주된 입력방식으로 사용한다. 그래서 태블릿 PC는 문서 작업 보다는 웹 검색, 동영상 재생, 게임 등 이미 만들어진 콘텐츠를 재생하는데 편리하다. 태블릿 PC의 예를 들면, 삼성전자의 갤럭시탭(Galaxy tab)과 애플의 아이패드(iPad)가 있다.

(2) 모바일 컴퓨팅 서비스

모바일 컴퓨팅에서 지원하는 서비스의 예를 들면 아래와 같다.

- 단문자 서비스(SMS, short message service)는 휴대폰에서 간단한 문자 메시지를 송신하는 것을 지원하는 서비스를 말한다.
- 멀티미디어 메시징 서비스(MMS, multimedia messaging service): 오디오와 비디오 같은 멀티미디어를 모바일 기기에 보낼 수 있는 무선 메시지 서비스이다.
- 위치 기반 서비스(location-based service): 모바일 기기 이용자가 어디에 위치

하는지 알아내기 위해 GPS(Global Positioning System)기술을 이용하며, 그 위치에 광고나 서비스를 제공한다.

7.2 무선 텔레커뮤니케이션 네트워크

모든 모바일 기기는 통신망에 연결되어야 한다. 모바일 단말기가 연결될 수 있는 통신망에는 PAN, 무선근거리통신망, 무선광역통신망 등이 있다.

7.2.1 PAN

PAN(personal area network)은 하나의 사무실과 같은 좁은 공간에서 기기간 무선 연결을 할 필요가 있는 경우에 적절하다. 블루투스를 이용하여 PAN을 이용할 수 있다. 블루투스(Bluetooth)는 무선기기들이 단거리에 서로 통신할 수 있게 해주는 통신 표준이다. 예를 들면, 스마트폰과 PC 사이에, 무선 키보드와 태블릿 PC 사이에, 혹은 디지털 카메라와 프린터 사이에 이용될 수 있다.

7.2.2 무선근거리통신망

무선근거리 통신망(wireless local area network)은 무선이라는 점을 제외하고는 유선 근거리 통신망(LAN)과 유사하다. 대부분의 무선 LAN은 흔히 Wi-Fi(wireless fidelity)라고 불리는 통신 표준을 이용하여 작동한다. 무선 LAN에는 무선단말기와 원하는 통신망을 연결시켜주는 무선 접근점(access point)이 있다. 무선단말기는 무선 네트워크 카드에 의해 접근점과 통신한다. 접근점은 유선으로 인터넷에 연결된다. 일반 가정에서도 무선으로 인터넷을 이용할 때 Wi-Fi를 이용한다. 공항, 호텔, 식당, 회의장에 설치된 공공 핫스팟(hotspot)은 Wi-Fi를 이용하여 무선으로 인터넷에 연결한다.

7.2.3 무선광역통신망

무선광역통신망(wireless wide area network, WWAN)은 인터넷 이용자로 하여금 마일(mile) 단위의 넓은 지역을 무선으로 연결할 수 있도록 해준다. 셀룰러 라디오 기술이 WWAN에 이용된다. 셀룰러폰(cellular phone)은 라디오파를 이용하여 통신한다. 이동전화(cell phone)는 셀(cell)이라 불리는 인접한 지역 내 기지국의 라디오 안테나(radio antenna)와 통신한다. 이동전화 메시지는 셀에서 셀로 전송되어 목적지 셀에서 수신자의 이동전화로 보내어진다. 셀룰러 기술은 1G에서 4G에 이르기까지 몇 단계를 거쳐서 발전되어 왔다.

1G: 아날로그 신호를 이용하였고 좁은 대역폭(bandwidth)을 가진다. 대역폭이 넓을수록 통신 속도가 더 빠르다.

2G: 디지털 라디오 기술에 기반을 두고 있으며 텍스트 메시지를 지원한다.

3G: 디지털 기술을 이용하며 비디오와 같은 리치미디어를 송수신할 수 있고, 웹 브라우징과 메시지 전달을 지원한다.

4G: 멀티미디어를 더 빠른 속도로 지원한다. LTE(Long-Term Evolution)과 Wi-Max는 4G에 해당한다.

7.3 모바일 금융

모바일 금융은 모바일 뱅킹, 모바일 증권, 모바일 지불 등을 말한다. 모바일 뱅킹은 고객이 모바일 기기를 통해 계좌조회, 예금가입, 자금이체 등을 할 수 있는 것을 의미한다. 모바일 증권은 스마트폰과 같은 기기를 이용하여 증권정보조회, 시세조회, 정보검색, 매수와 매도주문을 하는 것이다. 모바일 지불은 휴대폰을 이용하여 대금지불을 하는 것이다. 휴대폰에 장착된 금융 USIM 칩에 신용카드를 다운로드 받아서 설치하고 사용할 수 있다.

사례 7-1 스마트폰용 근거리 무선통신: NFC

스마트폰 소지자는 근접통신(near field communication, NFC) 기능을 이용해 모바일 결제, 개인인증, 영화나 공연 티켓 예매, 명함 교환을 자유롭게 할 수 있게 될 것이다. NFC는 10cm 이내에서 무선으로 정보를 주고받는 스마트폰용 근거리 무선통신 기술이다. 구글은 모바일 운영체제 안드로이드 2.3에 NFC를 탑재했다.

NFC를 도입하려면 폰에 태그와 리더(판독기) 기능을 갖춘 컨트롤러를 탑재하고 업소에서는 동글(결제기)을 비치해야 한다. 업소에 동글을 비치하고 손님이 동글에 자기 폰을 대기만 하면 결제가 된다. 음식배달원이 업소 폰과 소님 폰을 맞대 대금을 받을 수도 있다.

(자료원: 한국경제, 2011. 3. 30, A21)

사례 7-2 모바일 경제

방송통신위원회와 한국인터넷진흥원은 2011년 11월 스마트폰 이용자 4000명을 대상으로 조사한 스마트폰 이용실태 조사 결과를 발표했다. 국내 스마트폰 이용자 중 반정도가 모바일 쇼핑과 뱅킹 서비스를 이용하고 있는 것으로 나타났다.

스마트폰 이용자 가운데 모바일 쇼핑(유료 웹 구매 제외)은 47%, 모바일 뱅킹 서비스 경험자는 47.9%였다. 스마트폰 주식거래 이용자는 15.1%로 모바일 뱅킹에 비해서는 낮다. 이용자들은 스마트폰 금융서비스 활성화를 위해 스마트폰에 최적화된 조작방식과 화면 제공, 접속과 전송속도 향상, 보안문제 해결 등이 필요하다고 답했다.

스마트폰이 음성통화를 넘어 사회 전반과 생활 방식에 미치는 영향이 계속 확대되고 있다. 스마트폰 이용자 일 평균 인터넷 이용시간은 87분으로 2010년에 비하여 늘어났다. 카카오톡 등 모바일 인스턴트 메신저가 확산되면서 스마트폰 문자메시지 이용은 감소했다. 단말기 사후서비스에 대해서는 불편했다고 보고되고 있다.

스마트폰 이용자 중 15%가 스마트패드도 경험한 것으로 나타났다. 스마트패드 이용 기능은 동영상 보기(49.1%), 전자책과 잡지 읽기(47.9%), 문서작성과 편집(45.4%)이 주를 이룬 반면에 스마트폰에서는 모바일 인스턴트 메신저(64.7%), 뉴스와 날씨 검색(60.8%), 음악듣기(55.5%) 등이 많았다.

(자료원: 전자신문, 2012. 1. 13, p.4)

사례 7-3 : 모바일 결제서비스

런던올림픽 현장에서 삼성 갤럭시S3 단말기를 통해 모바일결제 서비스가 제공된다. 삼성전자와 비자가 협력해 2012 런던올림픽 전용 갤럭시S3 한정판을 통해 NFC 기반 모바일 결제서비스를 지원한다. 갤럭시S3 한정판 단말기가 제공할 서비스는 앞서 비자가 개발한 모바일 결제 애플리케이션(앱) 페이웨이브를 활용한다. 단말기에 앱을 설치한 후 물건을 사거나 서비스를 이용할 때 단말기를 카드리더에 가까이 대기만 하면 결제가 실행되는 방식이다.

양사는 2012 런던 올림픽과 장애인 올림픽이 열리는 경기장과 주변 3천여개 이상의 장소에서 모바일 결제시스템에 필요한 시설과 네트워크를 구축한다. 해당 결제서비스를 통해 참가 선수들은 올림픽 기간동안 런던 인근의 소매상들에서 갤럭시 S3를 지갑처럼 쓴다. 현지에는 택시부터 식당가까지 서비스를 활용 가능한 장소가 14만 곳이 있다고 한다. 미래에는 현금 사용 사례가 줄고 사람들이 그들의 지불수단을 모바일기기로 바꾸게 될 것이다.

▲ 영국 2012 런던올림픽 현장에서 행사기간중 후원사 삼성전자와 비자가 협력해 갤럭시 S3 한정판 단말기의 NFC기능과 비자 '페이웨이브' 기반 모바일 결제서비스를 제공한다.

그림 7-1 모바일 지불: 스마트폰

(자료원: imc@zdnet.co.kr, 2012.5.10.)

7.4 모바일 마케팅

영어사원이 스마트폰을 가지고 다니면 언제든지 상품에 대한 정보를 조회하여 고객에게 알려주고 재고를 체크할 수 있으며 판매거래내역을 회사의 시스템으로 보낼 수 있다.

사례 7-4 자동차 영업도 모바일 시대

모바일 영업: 기아자동차는 영업효율성을 향상시키기 위해 영업본부 소속 직원 1만명에게 스마트폰을 일괄 지급하였다. GM대우자동차는 스마트폰을 활용한 영업사원용 고객관리 시스템인 모바일 CMS를 도입했다. 국내 자동차업체들은 스마트폰 이용자가 급속히 증가함에 따라 모바일 영업체제를 갖추고 있다. 시간과 장소에 관계없이 구매 계약을 맺을 수 있기 때문이다. 고객충성도를 높이기 위한 방편으로 자동차 애플리케이션 개발도 하였다.

영업을 위한 정보조회: 스마트폰이 있으면 언제 어디서든 재고 조회하여 스피드 영업이 가능하다. 기아차는 영업본부 직원 1만명에게 삼성전자 갤럭시를 무상지급하였다. 이에 따라 기아차 직원들은 스마트폰 안에 설치된 고객관리 시스템을 통해 언제 어디서든 차량 정보와 재고 현황을 조회할 수 있게 되었다. 휴대폰으로 차량 계약자에게 견적서를 바로 제공할 수도 있다. 스마트폰이 있으므로 컴퓨터가 있는 사무실로 이동할 필요도 없고 무선 인터넷이 가능한 노트북을 갖고 다닐 필요가 없다. 기아차는 SK텔레콤과 제휴를 맺고 공동 마케팅을 벌여나간다는데 합의했다. 전국 800여개 기아차 영업과 정비 거점에 초고속 인터넷을 이용할 수 있는 장비를 별도로 갖추기로 했다.

앱 개발: 스마트폰뿐만 아니라 태블릿 PC용 앱까지 등장했다. 로노삼성은 스마트폰으로 간편하게 차량을 관리할 수 있는 앱을 무료로 제공하고 있다. 스마트폰 이용자는 언제든지 차량 연비와 정비 이력, 유지비, 소모품 교환주기 등의 정보를 확인할 수 있다. GM대우는 아이폰용 앱인 내차는 어디에를 배포하고 있다. 대형 주차장에 주차한 차의 위치를 사진이나 문서로 남긴 뒤 나중에 쉽게 찾을 수 있도록 만든

프로그램이다. 현대차는 신형 아반떼의 판매개시를 앞두고 이색적인 스마트폰 마케팅을 시작했다. 바코드 보다 많은 정보를 담고 있는 QR코드를 대형 건물 외벽이나 영화관, 신문, 버스 정류소, 지하철 등에 설치하여 이를 스마트폰으로 스캔한 사람들이 아반떼 영상과 제원을 확인할 수 있도록 했다. 이 회사가 선보인 투싼 작업의 정석 앱은 연인의 취향 정보를 바탕으로 현재 위치에서 가장 적합한 데이트 코스와 지도를 안내한다. 기아차는 인기를 끌고 있는 중형 세단 K5 관리 앱을 나누어 주고 있다. K5 소비자는 이 앱을 통해 엔진과 변속기, 차량 이상 유무를 실시간으로 파악할 수 있다. 스마트폰이 자동차 영업방식이나 소비 행태까지 바꾸고 있다.

(자료원: 한국경제, 2010. 7. 26. A17)

7.5 모바일 오피스

복잡한 도심지의 사무실에 출근하지 않고도 집에서 혹은 도시 부근 사무실에서 일할 수 있다. 스마트폰이나 태블릿 PC를 이용하여 정보를 교환하거나 조회하고 업무를 추진할 수 있기 때문이다. 스마트폰을 이용하여 공장 시설을 관리하거나 시설을 유지보수 할 수 있다.

사례 7-5 확산되는 모바일 오피스

모바일 근무: 모바일 오피스로 생산성을 1% 높이면 SK그룹 매출 1조원을 늘릴 수 있다. 모바일 오피스가 단순한 업무 효율 향상을 뛰어 넘어 기업 성장 전략까지 구조적으로 견인 할 수 있다. 여기서 말하는 모바일 오피스는 직원들에게 스마트폰을 나눠주고 사무실 밖에서도 모든 회사 업무를 볼 수 있게 하는 시스템이다. 이를 통해 고객 응대 속도를 높이고 의사결정 시간을 줄이는 실시간 경영이 각광받는 시대가 열릴 것으로 보인다. 출퇴근 시간 구분이 사라지고 자율적으로 일하는 플렉스

타임(flextime) 근무제 확산의 계기도 될 것으로 예상된다.

스마트폰 공장시설 제어: 포스코 동부그룹 등은 스마트폰을 이용해 공장을 관리하는 스마트 팩토리 구축에 나섰다. 제철소, 반도체 생산 공장 등에 통신망과 각종 센서를 설치하고 스마트폰을 이용해 이를 제어할 수 있게 하는 방식이다.

스마트폰 시설 유지보수: 지하철 5~8호선을 운영하는 서울도시철도공사는 지난 1월 스마트폰을 이용해 전직원이 시설을 유지보수할 수 있는 시스템을 도입했다. 글이나 말 대신 부품의 바코드를 찍어 고장 신고를 하고 긴급상황에서는 신고자가 스마트폰으로 매뉴얼을 보고 수리까지 할 수 있는 시스템을 만들었다. 2000여명 전담 인력만이 하던 수리 업무를 6500명의 전 직원이 나눠 할 수 있는 형태로 바꾼 것이다.

원격근무: 유연시간근무, 실시간 기업으로의 발전 등은 모바일 오피스 도입을 통해 가시적으로 기대할 수 있는 효과들이다. 스마트폰으로 언제 어디서나 업무를 처리하면서 재택근무나 원격근무 등이 확대될 것이다. 집이나 근처에 마련된 사무실로 출근해 업무를 볼 수 있는 유연근무제가 가능해진다.

(자료원: 한국경제, 2010년 3월 29일, A4)

7.6 모바일 여행

스마트폰으로 여행정보를 얻고, 비행기, 호텔, 자동차 등을 예약할 수 있다. 여행 중에 어디에 숙박할만한 여관이나 호텔이 있는지 검색할 수 있다.

사례 7-6 모바일 여행정보

여행관련 앱: 스마트폰을 이용하면 언제 어디서든 무선 데이터 통신을 이용하여 실시간으로 교통 및 여행정보를 검색하고 비행기나 호텔을 예약할 수 있다. 가이드

북과 지도를 스마트폰에 넣고 다니는 여행객들도 많다. 애플 앱스토어나 구글 안드로이드 마켓에 여행과 관련된 애플리케이션들이 각광을 받고 있다.

비행기 여행 정보: 대한항공, 아시아나항공 등 각 항공사들은 항공노선과 운항시간표, 마일리지 등을 확인할 수 있는 앱을 제공하고 있다. 제주항공이 출시한 앱은 항공권 예약까지 가능하다. 최저가 항공권 탐색 기능을 탑재한 앱들도 인기다. 항공권 가격비교 사이트 투어자키가 아이폰용으로 출시한 앱은 국제선과 제주행 비행기에 대해서 업체별 날짜별로 초저가 항공권을 찾아준다. 항공권뿐만 아니라 여행패키지 상품할인정보, 유명 관광지에서 쓸 수 있는 쿠폰 등 다양한 아이템을 갖추었다. 해외여행 전문업체 저스트고는 모바일에서 항공권을 예약할 수 있는 앱을 제공한다.

호텔, 펜션, 캠핑장 정보: 해외 숙박 정보 검색과 예약에서 이용자들의 사랑을 받는 앱은 호텔 부커(Hotel Booker)이다. 이 앱을 이용하면 전 세계 20만개 호텔을 검색하고 남은 방이 있는지 실시간으로 확인한 후 예약할 수 있다. 스마트폰에 내장된 GPS를 이용해 주변에 예약 가능한 호텔을 찾아주는 기능을 갖추었다. 이용자들이 매긴 평점을 기반으로 각 호텔의 평판도를 확인할 수 있다.

숙박장소 검색 앱: 국내에도 근처 호텔 여관 펜션 등을 찾아주는 파인드룸 앱이 서비스 되고 있다. 파인드룸은 구글 맵스와 연동, 지도에 위치를 표시해주는 것이 특징이다. 호텔 예약사이트 호텔 앤조이는 스마트폰에서 국내와 해외 호텔을 검색하고 예약할 수 있는 호텔앤조이를 내놓았다. 인터넷 홈페이지와 거의 똑같이 국내외 숙박업소를 찾아서 예약까지 가능하다. 캠핑장 위치와 연락처 역시 일목요연하게 정리한 캠핑인이라는 앱도 호응을 얻고 있다.

가이드북 대신 스마트폰: 스마트폰은 두꺼운 여행 안내 책자도 대체하고 있다. 해마다 100여개국에서 600만권 이상 판매되는 베스트셀러 론니 플래닛은 아이폰용 애플리케이션을 제공하고 있다. 전 세계 70여개 도시를 담은 앱을 개당 5.99달러에 다운로드 받을 수 있다. 론니 플래닛은 유럽 등에서 여러 나라를 돌아다녀야 하는 여행자에게 안성맞춤이라는 평이다. 국내에서는 한국관광공사가 SK텔레콤의 티스토어를 통해 제공하고 있는 스마트투어 앱이 3만개가 넘는 방대한 콘텐츠로 호평받고 있다. 스마트투어는 주요 관광지의 여행, 교통, 맛집 정보를 모두 제공할 뿐만 아니라 증강현실을 이용, 주요 관광지에서 가이드 역할을 톡톡히 수행한다. 제주도의 유명 관광지 정보를 모은 즐거운 제주라는 앱도 인기다. 휴가지까지 가는 도로 상황을 실시간으로 파악할 수 있는 실시간 교통 앱들은 여행객들에게 필수품으로 꼽힌다. SK텔레콤이 자사 스마트폰 이용자들에게 무료로 제공하는 티맵 내비게이션은 인공위성을 이용한 GPS 방식으로 실시간 교통량 분석을 통해 목적지까지 최적의 경로를 안내해 준다.

날씨정보: 여행지 날씨 정보를 실시간으로 제공해 주는 앱들도 사랑을 받고 있다. 모시어 월드라는 앱은 여행지 날씨 정보를 현지 CCTV를 통해 실감나게 확인할 수 있게 한다. 각 국가마다 지역별로 위성사진과 함께 기상 상황과 예보 정보를 제공하는 앱들이 있으므로 선택적으로 다운로드하면 된다.

(자료원: 한국경제, 2010. 7. 22, B7)

7.7 모바일 부동산

모바일 부동산 앱을 이용하면 근처 부동산 중개사를 찾을 수 있고, 매물 정보도 볼 수 있다. 부동산 시세와 기타 정보를 시간과 장소에 관련 없이 조회할 수 있다.

사례 7-7 부동산 앱

국내외 부동산 뉴스와 우수 중개업소, 매물 정보 등을 총망라하는 명품 부동산 모바일 애플리케이션(응용 프로그램)이 나왔다. 한국경제신문은 그동안 출시된 부동산 관련 애플리케이션들의 약점을 보완한 아이폰용 애플리케이션 부동산가이드를 개발하였다.

부동산가이드는 뉴스 중심의 부동산 정보를 제공받거나 시세, 매물을 제한적으로 확인할 수 있는 애플리케이션을 넘어 부동산 관련 모든 정보를 하나로 통합했다. 고품격 부동산 뉴스를 제공하고 한국경제신문이 선정한 베스트 공인중개사의 위치 및 연락처, 매물 정보까지 전달한다. 스마트폰의 주요 기능 가운데 하나인 위치기반 서비스를 이용, 애플리케이션 사용자 주변의 정보를 우선 전달하는 기능도 갖췄다.

공인중개사 검색 서비스: 최대 장점은 믿을 만한 부동산 공인중개사를 쉽게 찾을 수 있다는 것이다. 애플리케이션을 이용하면 사용자의 현재 위치에서 가장 가까운 한경 베스트 공인중개사를 알려주고 지도에도 표시해 준다. 버튼 하나만 누르면 공인중개사와 바로 통화할 수도 있다. 예를 들어 애플리케이션 사용자가 서울 강남구 지하철 3호선 도곡역에 있다면 주위에 영업 중인 한경 베스트 공인중개사의 위치를 지도에서 찾아 전화로 상담할 수 있다. 검색할 때는 범위를 1㎞, 2㎞, 3㎞ 등으로 지정할 수 있다. 인근 아파트의 수나 관심 정도에 따라 사용자가 선택할 수 있도록 하기 위해서다.

매물 정보 제공: 부동산가이드는 한경 베스트 공인중개사가 입력한 부동산 거래물건 정보도 쉽게 파악할 수 있도록 했다. 투명하고 신뢰할 만한 부동산 모바일 장터를 마련한 것이다. 일부 애플리케이션은 허위매물을 우려해 대략적인 시세만 보여주지만 부동산가이드는 다르다. 베스트 공인중개사의 신뢰를 바탕으로 매물 정보를 직접 확인할 수 있도록 했다. 물건 정보 또한 위치기반 서비스를 이용해 사용자 위치를 중심으로 알려준다. 해당 물건은 지도 위에 표시되며 가격, 구매조건, 인근 지역정보 등 상세 정보를 확인할 수 있다. 사용자는 주변 지역 검색은 물론 다른

지역의 매물 정보까지 검색할 수 있어 기존 부동산 애플리케이션보다 훨씬 폭 넓은 정보를 활용할 수 있다.

(자료원: 한국경제, 2010. 7. 23. A2)

7.8 스마트폰과 생활의 변화

스마트폰의 이용으로 사람들의 생활에 많은 변화를 가져왔다. 스마트폰의 확산은 새로운 사업기회를 가져다주고 있으며, 라이프스타일의 변화를 가져오고, 일하는 방식을 변경시키고 있다.

사례 7-8 스마트폰과 생활의 변화

새로운 사업기회: 창업 2년차 미국의 게임업체 징가(Zynga)는 스마트폰용 농작물 재배게임으로 지난해 1억 5,000만 달러에 가까운 매출을 올렸다. 게임 자체는 무료로 제공했지만 농작물 씨앗, 경작지 등의 아이템을 판매해 매출을 올렸다. 이 회사의 직원은 고작 100여명에 불과하다. 스마트폰 시장에서 새로운 사업 기회를 찾아내 성공한 사례이다. 업무뿐만 아니라 여가의 대부분을 스마트폰으로 해결하는 호모 모빌리스 들이 출현한 것이다. 스마트폰이 개인의 일상생활은 물론 기업의 비즈니스 관행과 사회 전반의 네트워크 변화에도 엄청난 변화를 몰고 오고 있다.

라이프스타일의 변화: 미국 뉴올리언스의 평범한 파자가게 네이키드 피자는 트위트 계정을 개설한 뒤 매출을 20% 끌어올리는 성과를 거뒀다. 미국에서 김치, 불고기에 멕시코 음식 타코를 접목한 김치 타코를 개발해 이동식 트럭으로 판매해온 한인 출신의 사업가도 트위터를 이용하여 엄청난 돈을 벌었다. 모두 실시간으로 고객들의 수요에 대응한 전략이 주효해 거둔 성과다.

스마트폰 앱과 모바일 광고: 스마트폰이 확산되면서 소프트웨어 거래 시장도 눈에 띄게 커지고 있다. 콘텐츠 하나만 잘 만들어도 연간 100만 달러가 넘는 수익을 거둘 수 있는 시장이 열리면서 야심찬 젊은 개발자들이 속속 모여들고 있다. 모바일 광고는 특히 급성장하는 시장이다. 애플, 구글 등 글로벌 업체들까지 나서서 시장 장악에 열을 올리고 있다. 휴대폰 사용자의 위치 정보를 파악해 이를 기반으로 피자집, 커피 전문점 등을 추천해주는 광고도 가능하다. 국내에선 가까운 커피가게나 지하철을 찾아주는 아이니드 커피를 비롯해 건물 정보를 알려주는 오브제 등의 서비스가 나왔다.

일과 놀이의 융합: 스마트폰 사용자가 늘어나면서 건물 및 도시 설계, 교통 흐름까지 변화시킬 것이라는 전망도 나오고 있다. 직장과 가정을 분리했던 산업시대와는 달리 일과 놀이가 하나로 융합되는 설계가 도시 전반에 확산될 것이다. 미국 뉴욕 브라이언트 공원은 무선랜, 책상, 의자 등을 배치해 인근 직장인들에게 큰 인기를 끌고 있다. 구글은 업무공간에 여가 기능을 배치하는 하이브리드 형태로 사무실 구조를 바꾸었다. 스마트폰을 이용하는 모바일 오피스를 구축하고 있다. 포스코는 최근 SK텔레콤과 함께 포항과 광양 공장의 각종 설비를 스마트폰으로 모니터링하고 제어할 수 있는 스마트 제철소 구축했다.

(자료원: 한국경제 2010. 2. 20. A10)

사례 7-9 스마트폰의 시대

설 연휴에 서해안 고속도로를 타고 오던 중 스마트폰 교통안내를 따랐더니 빠르게 서울로 돌아 왔다. 해외여행을 할 경우 미국과 영국 지역의 레이더망을 이용해 항공기 위치를 추적해주는 플라잇트렉스(flighttrex)가 있고, 전 세계 공항의 기상정보, 예보까지 알려주는 에어로 웨더(aero weather) 등 스마트폰 전용 프로그램 덕분에 해외 운항 및 공항 정보를 실시간으로 파악할 수 있다.

스마트폰 대중화로 모바일 정보를 생활화하는 시대가 열리고 있다. 휴대폰과 인터넷의 결합 자체는 새로운 것은 아니다. 실시간 정보를 맞춤형으로 이용할 수 있는 스마트폰의 확산은 과거 휴대폰 등장에 따른 초기 모바일 혁명과는 매우 다른 양상이다. 정보 습득이나 업무 수행뿐 아니라 인적 관계를 형성하고 여가를 즐기는데도 스마트폰 의존도를 높여가고 있다.

삼성경제 연구소는 최근 발행한 스마트폰이 열어가는 미래 보고서에서 새로운 모바일 시대의 특징을 실시간(real-time), 무한확장(reach), 실제감(reality)의 3R로 요약했다. 스마트폰을 이용해 언제 어디서든 소통하며 확장된 현실(증강 현실) 속에서 일과 업무를 처리할 수 있다.

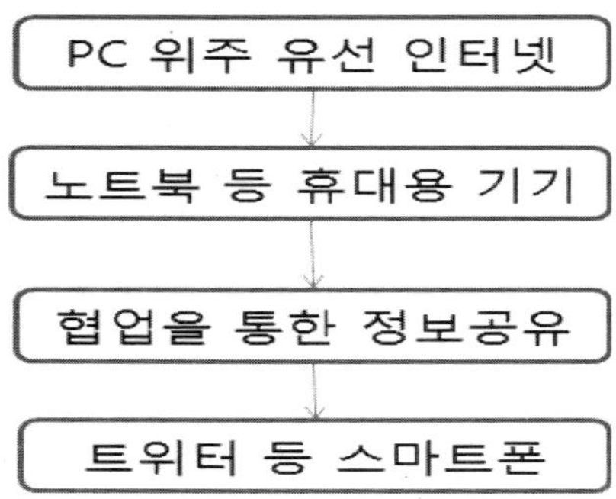

그림 7-2 모바일 시대의 발전

디지털 기술의 보급으로 인간의 생활은 변화하고 있다. PC 휴대폰 등 디지털 기기에 익숙한 세대는 단순히 정보를 얻는데 그치지 않고 서로 소통하며 새로운 삶의 방식과 문화를 만들어내고 있다.

PC와 유선 인터넷 활용: 1990년대 인터넷의 본격 확산으로 네티즌들이 특정 인터넷 카페에 모여 취미나 생각을 공유하기 시작했다. 뉴스는 물론 실생활에 필요한 정보 검색도 인터넷으로 해결했다. 이메일이 보편화 된 것도 이때부터였다.

노트북 등 휴대형 기기 등장: 유목민들처럼 자유롭게 이동하면서 디지털 기기를 자유자재로 사용하는 사람들을 디지털 노마드라고 한다. 노트북 같은 휴대용 기기가 등장하면서 나온 개념이다.

협업을 통한 정보 공유: 2000년대 중반이후 스타벅스나 대학 캠퍼스에서 무선 인터넷을 사용하는 사람들은 디지털 문화에 익숙해졌다. 인터넷을 통해 공동의 관심사를 공유한다. 그래서 인터넷을 통해 적극적으로 의사를 표현하는 세대이다.

스마트폰용 모바일 시대: PC처럼 강력한 성능을 가진 스마트폰이 실시간 소통, 정보 소통의 무한확장, 공간제약 극복 등을 실현하고 있다. 강력한 정보력과 네트워크 파워를 가진 모바일 세대가 등장하였다. 전철이나 차 안에서 스마트폰으로 이메일을 보내고 정보를 검색하는 세대이다. 트위터와 같은 소셜 네트워크가 신세대들의 새로운 소통수단이 되고 있다.

(자료원: 한국경제, 2010년 2월 20일, A1)

사례 7-10 애플의 앱스토어

아이폰은 아이팟과 함께 애플의 CEO 스티브 잡스를 지난 10년간 최고의 CEO에 등극시킨 메가 히트작이다. 아이폰의 인기 비결은 여러 가지다. 컴퓨터와 인터넷, 위성위치확인시스템(GPS), 감각적인 터치스크린 등 첨단 IT 기술을 집약, 통신만 하는 기존 휴대폰 개념을 바꿨다. 손가락 두 개를 화면에 대고 오므렸다 폈다 하면서 그림이나 지도를 확대·축소하는 멀티터치(multi-touch) 기능도 그 중 하나다. 여기에 빼어난 디자인까지 결합되어 소비자들의 관심을 모았다.

아이폰의 최대 강점은 10만여개의 응용 프로그램을 이용할 수 있다는 점이다. 애플의 온라인 장터인 앱스토어(App Store)에서 구매할 수 있는데, 누적 다운로드 수가 20억건을 넘었다. 아이폰에 다양한 응용 프로그램이 많은 것은, 개발자가 자기만의 프로그램을 개발해 판매할 수 있도록 애플이 문호를 개방했기 때문이다. 아이폰의 기능을 최대한 활용하기 위해 대중의 힘을 빌리겠다는 의도였다. 이 같은 개방형

전략은 아이폰의 최대 성공 요인으로 꼽힌다. 아래와 같은 여러 가지 앱들이 이용가능하다.

근처 스타벅스 찾기: 내 근처에 스타벅스가 어디 있는지 알고 싶으면 바이오닉 아이(Bionic Eye)를 다운로드 받은 뒤 아이폰의 카메라로 내 주변을 비추기만 하면 된다. 카메라를 통해 들어오는 길거리 모습 위로 가까운 곳의 스타벅스와 맥도날드 등의 위치가 표시된다. 원하는 곳을 선택하면 이번엔 화면에 큰 화살표가 뜬다. 그 화살표 방향대로 따라가기만 하면 된다.

자동차 주차 위치 찾기: 대형 주차장에 차를 주차한 뒤 나중에 위치를 못 찾아 고생한 적이 있을 것이다. 카파인더(Car Finder)라는 프로그램을 이용하여 차를 주차하고 그곳의 사진을 찍어놓으면 놀이공원 같은 복잡한 곳에서도 아이폰 화면을 내비게이션처럼 활용해 찾아갈 수 있게 해준다.

판매가격비교: 어떤 상점에서 물건을 사려는데 다른 가게보다 싼지 비싼지 확인하고 싶다면 레드레이저(RedLaser)를 이용하면 된다. 사고 싶은 제품의 바코드를 아이폰 카메라로 찍어 보면 해당 상품이 다른 상점에서 얼마에 판매되는지 알려준다.

증강현실(Augmented Reality) 기술: 가상현실(Virtual Reality)이 이용자에게 현실에서 할 수 없는 체험을 제공한다면, 증강현실은 현실 세계의 모습에 가상의 디지털 정보를 접목해 우리 생활을 편리하게 만드는 기술이다. 증강현실 프로그램은 카메라와 GPS, 나침반, 무선랜 등 아이폰의 모든 기능을 복합적으로 활용한다.

날씨 확인하기: 막시어 월드(Moxier World)는 세계 각지의 실시간 풍경을 웹 카메라로 찍어 눈으로 직접 볼 수 있게 한다. 이것은 날씨를 확인할 수 있는 최고의 방법이다. 예컨대 서울의 경우 40분 전 시청 앞과 반포대교 모습을 화면으로 볼 수 있다.

운동 도우미: 아침 운동을 할 때에는 아이피트니스(iFitness)와 런키퍼(RunKeeper)를 이용한다. 아이피트니스는 230종류의 운동 방법을 그림과 함께 설

명해준다. 다이어트, 근육 강화 등 자신이 원하는 효과를 선택하면 적절한 운동 방법을 추천해주고, 운동 기록도 관리해준다. 런키퍼는 자전거 타기와 달리기 중 하나를 선택하고 나서 시작 버튼을 누르기만 하면 준비 끝이다. 운동을 마치면 아이폰이 자동으로 출발지와 도착지 사이의 거리를 측정해 평균 속도와 운동량 등을 알려준다. GPS 기능을 활용한 프로그램이다.

앱스토어(App Store): 애플의 아이폰(스마트폰)과 아이팟터치(MP3플레이어)에서 사용하는 응용 프로그램을 판매하는 인터넷 장터이다. 누구나 프로그램을 만들어 등록하고 판매 수익을 얻는 개방형 모델로 운영, 1년여 만에 10만여개의 프로그램을 확보했다. 애플이 처음 사용한 후 현재는 응용 프로그램을 다운로드 방식으로 판매하는 인터넷몰을 뜻하는 일반 용어가 됐다.

(자료원: 조설일보, 2009. 12. 5-6. C3)

사례 7-11 애플의 아이클라우드

아이클라우드(iCloud)는 온라인상에 영화와 음악 등을 올려두고 언제 어디서나 다양한 기기로 감상할 수 있는 일종의 클라우드 컴퓨팅 서비스이다. 애플은 현재 아이튠스 스토어라는 온라인 장터에서 음악과 영화를 팔고 있다. 음악을 구매하면 PC나 아이폰으로 디지털 파일이 전송된다. PC에 저장해둔 음악을 아이폰으로 옮기려면 케이블로 연결하여 음악 파일을 복사한다. 아이클라우드는 음악이나 영화를 사면 애플의 서버 컴퓨터에 저장해두고 필요할 때 아이폰이나 아이패드에서 다운받아서 감상하도록 한다. 고객이 구매한 음악이나 영화를 애플의 서버에 저장해두면 아이패드나 아이폰으로 로그인했을 때 그 구매한 콘텐츠 목록이 나타나므로 쉽게 선택하여 실행할 수 있다. 애플의 서버가 온라인 창고의 역할을 한다. 전자책, 일정관리, 주소록 등도 애플의 서버에 저장해둘 수 있다. 이러한 아이클라우드 서비스는 연간 몇만원을 지불해야 하는 유료서비스이다.

클라우드 컴퓨팅(clouding computing) 서비스는 인터넷 상의 대형 서버에 자료나 애플리케이션을 저장해두고 PC나 스마트폰과 같은 기기를 통해 필요할 때마다 접근해서 이용하는 서비스이다.

애플은 아이클라우드, 아이튠스 스토어(음악과 영화 장터), 앱스토어(응용프로그램 장터)라는 서비스를 고객들에게 제공하고 수익을 창출하고 있다. 아이폰, 아이패드, 아이팟이라는 하드웨어의 판매 외에 장터와 클라우드 서비스의 다양한 수익원을 가지고 있다.

(자료원: 조선일보, 2011. 6. 4, A6)

사례 7-12 증강현실

가상현실기술은 가상환경에 사용자를 몰입하게 하여 실제 환경을 볼 수 없다. 하지만 실제 환경과 가상의 객체가 혼합된 증강현실(augmented reality)기술은 사용자가 실제 환경을 볼 수 있게 하여 보다 나은 현실감과 부가 정보를 제공한다. 예를 들어 스마트폰 카메라로 주변을 비추면 인근에 있는 상점의 위치, 전화번호 등의 정보가 입체영상으로 표기된다.

원격의료진단, 건축설계, 제조공정관리 등에 활용된다. 최근 스마트폰이 널리 보급되면서 본격적인 상업화 단계에 들어섰으며, 게임 및 모바일 솔루션 업계와 교육분야 등에서도 다양한 제품을 개발하고 있다.

증강현실을 실외에서 실현하는 것이 착용식 컴퓨터(wearable computer)이다. 특히 머리에 쓰는 형태의 컴퓨터 화면장치는 사용자가 보는 실제 환경에 컴퓨터 그래픽·문자 등을 겹쳐 실시간으로 보여줌으로써 증강현실을 가능하게 한다. 따라서 증강현실에 대한 연구는 착용컴퓨터 개발이 주를 이룬다. http://corp.kovi.com/news/column.asp 사이트 방문해 증강현실 사례를 보라.

(자료원: 네이버 사전)

〈주요용어〉

Bluetooth

Wi-Fi

cellular phone

NFC

mobile computing service

증강현실(augmented reality)

제 8 장 인터넷 마케팅

본장에서는 기업이 마케팅 전략을 수립하는데 있어서 어떻게 웹을 이용하는지를 설명한다. 마케팅 전략에는 4P라고 불리는 제품(product), 가격(price), 유통(place), 촉진(promotion)에 관한 결정을 포함한다. 이러한 4P에 대한 결정을 마케팅 믹스(marketing mix)라고 한다.

기업은 소비자와 여러 가지 방법으로 커뮤니케이션 한다. TV광고, 라디오 광고, 상점의 전시 등이 있다, 본장은 통합 마케팅 커뮤니케이션(integrated marketing communication, IMC) 관점을 취한다. 인터넷은 다른 매체와 일관성을 가지고 이용해야 할 커뮤니케이션 매체이다. 각 소비자에 대한 데이터를 수집하여 소비자를 이해하고 개별 소비자를 대상으로 효과적으로 데이터를 활용할 필요가 있다.

8.1 인터넷 소비자 행동의 영향 요인

기업이 온라인으로 상품을 판매하기 위해서는 먼저 온라인상의 고객들이 어떤 행동을 하는지를 알아야 한다. B2C를 전제로 하여 개인 고객들의 행동을 본장에서 설명하지만 일부 요인들은 B2B에도 응용될 수 있다. 어떤 유형의 사람들이 왜 웹을 이용하는지 이해할 필요가 있다. 인터넷을 이용하여 정보를 얻고 쇼핑을 하는데 관련이 있는 요인으로서 인구통계변수, 소속된 커뮤니티, 라이프스타일 등이 있다. 이들 요인이 소비자가 인터넷을 이용하여 쇼핑하는 것을 설명하는데 도움이 될 것이다.

(1) 인구통계변수

소비자들 중에서 어떤 그룹은 다른 그룹보다 인터넷을 더 많이 이용하여 구매한다. 이러한 그룹화 하는데 기준이 되는 인구 통계적 변수로는 성, 나이, 인종, 지역, 소득수준, 교육수준 등이 있다.

(2) 커뮤니티

인터넷을 이용하는 사람들과의 사회적 접촉(social contagion)을 하는 사람들일수록 웹을 통한 쇼핑을 더 많이 할 것이다. 물리적 소매점의 매출에 영향을 미치는 가장 중요한 변수는 지역일 것이다. 더 많은 사람들이 지나가는 길목에 자리 잡고 있는 매점일수록 판매기회는 더 클 것이다. 인터넷 상점은 배송을 해주기 때문에 지리적 위치는 별로 중요하지 않다. 인터넷 이용자들과 이웃한 사람들은 그 이웃과 유사하게 인터넷으로 구매하는 경향이 있다. 이웃과 어쩌면 사회적 경쟁을 하는 것일지도 모른다. 동료나 친구가 인터넷 구매를 많이 하면 그러한 행동을 따라하는 소비자들이 있을 수 있다.

(3) 라이프스타일

인터넷은 전통적인 사회적 상호작용을 감소시키고 가상공간에서의 상호작용을 증가시킨다. 이메일, 메시지 전달, 채팅 모두 인터넷을 이용하는 의사소통 방안들이다. 이러한 인터넷을 통한 의사소통으로 라이프스타일이 변화함에 따라서 전자상거래 이용이 증가할 것이다.

8.2 소비자 행동 모델

소비자행동은 사회과학의 한 분야로서 시장에서의 사람들의 행동을 이해하고 모델링한다. 심리학, 사회학, 경제학이 관련이 있는 분야이다. 소비자행동 모델은 소비자가 언제 어디서 무엇을 왜 구매하는지를 설명하고 예측하려고 한다. 소비자의 구매의사결정과정을 이해한다면 기업은 상품을 어떻게 하면 판매할 수 있는지 보다 잘 이해할 수 있다. 그림 8-1은 소비자의 구매결정에 영향을 주는 요인들을 보여준다. 소비자 행동 모델은 배경변수, 매개변수 그리고 소비자 결정이라는 변수들로 구성되어 있다.

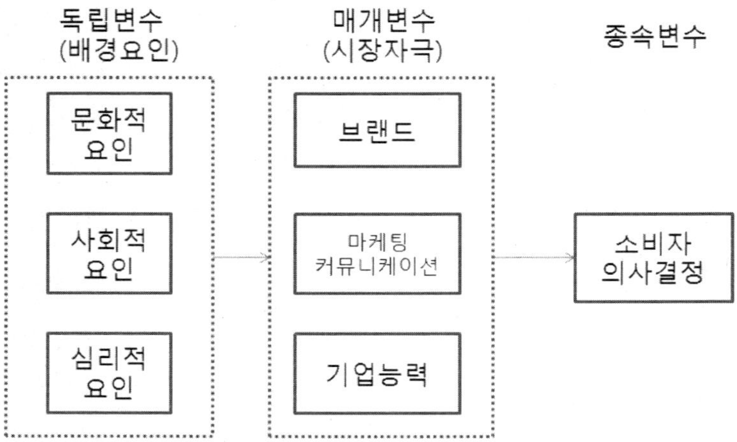

그림 8-1 소비자행동의 일반적 모델
(자료원: Laudon & Traver, 2010; Kotler and Armstrong, 2009)

8.2.1 배경요인

배경요인은 문화, 사회, 심리적 요인들이다.

(1)문화적 요인

문화는 광범위한 요인으로서 인간의 가치관, 욕망, 지각, 그리고 행동에 영향을 준다. 문화는 국가나 인종마다 다를 수 있다. 하위문화(subculture)는 인종 나이 라이프스타일, 지리적 위치에 따라 다를 수 있다. 미국 내에서도 인종에 따라서 살아가는 방식이 다르므로 문화적 차이가 있을 것이다. 문화가 선호하는 상품에 영향을 줄 수 있다. 예컨대, 백인 보다 흑인들이 문화적 차이로 가발을 더 많이 구매할 수 있을 것이다.

(2) 사회적 요인

사회적 요인으로서 준거집단이 소비자행동에 영향을 준다. 소비자는 하나의 준거집단에 속한다. 준거집단에는 직접 준거집단과 간접 준거집단이 있다. 직접 준거집단(direct reference group)은 가족, 직장, 학교, 이웃 등이다. 간접 준거집단(indirect reference group)은 사회계층, 동년배, 같은 라이프스타일을 가진 그룹 등이다. 소비자는 자신이 속한 준거집단의 사람들이 기대하거나 바람직하다고 생각하는 상품을 소비하는 경향이 있을 것이다.

(3) 심리적 요인

심리적 변수는 소비자의 욕구, 지각, 학습 등을 의미한다. 제품을 설계할 때 특정 소비자 그룹의 욕구나 그들의 지각을 고려해야 할 것이다. 소비자의 문화, 사회, 심리적 요인들이 기업의 브랜드 전략, 마케팅 커뮤니케이션 자극, 기업 능력의 형성에 영향을 주고 이들 요인들이 다시 소비자의 구매결정에 영향을 준다. 소비자의 사회문화적 요인과 심리변수는 주어진 것으로 보고 이들 배경요인에 맞는 브랜드, 소비자와의 커뮤니케이션 방법(e.g., 광고), 기업 능력 개발을 할 수 있어야 한다.

8.3 기본 마케팅 개념

특정 산업에 있어서 대체재가 많이 있고 진입이 쉽고 고객과 공급자가 강한 협상력을 가지고 있으면 경쟁이 심하다고 할 수 있다. 마케팅은 기업의 경쟁 상황을 다루고 있다. 마케팅은 독특하고 차별화된 상품을 창출하고자 한다.

8.3.1 특성집합

마케팅의 중심 과업은 고객에게 독특하고 차별화된 상품을 제공하는 것이다. 제품의 특성 집합(feature set)의 각 요소는 제품을 다른 제품과 차별화하는데 사용될 수 있다. 그림 8-2는 제품의 3계층을 보여주는데 가장 내부에는 핵심제품, 그 위에 구매제품, 가장 외부에 확장제품이 있다.

· 핵심제품: 제품으로부터 고객이 얻는 핵심 편익이다. 휴대폰의 핵심편익은 다른 사람과 커뮤니케이션하는 것이다.

· 구매제품: 제품의 핵심편익을 전달하기 위해 설계된 특성의 집합이다. 다른 기업의 제품과 차별화할 수 있는 휴대폰의 특징을 의미한다. 브랜드, 디자인, 품질, 기능, 포장 등은 구매 시 실제 제품을 구성한다. 휴대폰의 브랜드, 디자인, 품질 등은 고객의 구매결정에 중요한 역할을 한다. 따라서 이러한 특성에 있어서 경쟁기업과 차별화된 이점을 가지는 제품을 출시할 수 있어야 한다.

· 확장된 제품: 실제 제품에 내재된 핵심 편익을 넘어서서 고객에 대한 추가적 편익을 가진 제품이다. 보증기간, 무료배송, 판매 후 서비스, 지불조건, 무료설치 등의 특성을 이용하여 보다 차별화된 서비스를 고객에게 제공할 수 있다.

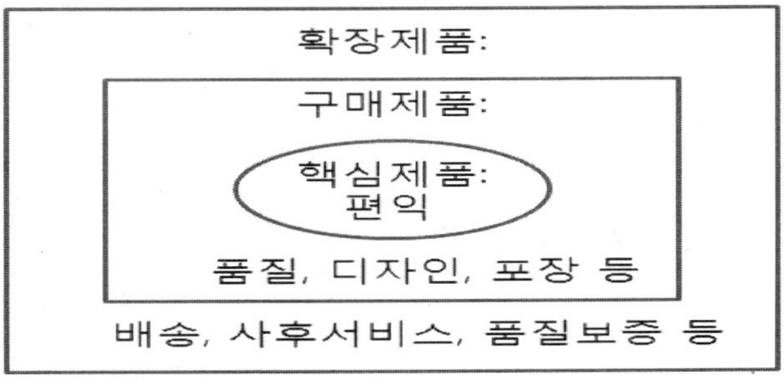

그림 8-2 제품의 특성집합

8.3.2 제품과 브랜드

소비자의 마음속에서 제품을 독특하게 만들고 차별화하는 것은 제품의 브랜드이다. 브랜드(brand)는 특정 회사의 상품이나 서비스를 소비하고자 할 때 소비자가 가지는 기대이다. 이러한 기대는 소비자가 실제로 상품을 소비하면서 가진 과거 경험, 그 상품을 소비한 다른 믿을 수 있는 사람의 경험, 그리고 다양한 채널과 미디어를 통해 그 상품을 광고하는 기업의 약속에 기반을 두고 있다(Laudon & Traver, 2008). 브랜드에 의해 창출되는 가장 중요한 기대는 품질, 신뢰성 등이다. 마케팅 관리자는 소비자에게 약속을 하고 그 약속이 소비자의 기대를 생성시킨다. 예컨대, 여성을 위한 겨울 외투는 아름다움과 따뜻함에 대한 기대를 소비자에게 주어야 한다.

제품이나 서비스의 특성 집합(feature set)이란 제품이나 서비스가 제공하는 성능과 서비스의 꾸러미를 말한다. 기업은 특성 집합을 소비자에게 전달하기 위해서 다양한 마케팅 커뮤니케이션 활동을 수행한다. 소비자는 제품에 대한 경험과 기업이 전달하는 약속에 근거하여 제품에 대한 기대를 개발한다. 만약 소비자가 삼성전자가 판매하는 파브 LCD TV를 구매한다면 깨끗한 화질과 산뜻한 디자인에 고장이 없으며 이용하기 쉬운 TV를 기대할 수 있다. 만약 구매 후 TV가 그 소비자의 기대에 미치지 못한다면 삼성전자의 파브 브랜드는 약화될 것이다. 만약 기대를 잘 만족시켜 준다면 소비자는 삼성전자와 파브 브랜드에 대해 충성심을 갖고 신뢰하고 좋은 감정을 갖고 좋은 명성을 갖는데 일조할 것이다. 그리고 다른 사람들에게 자신이 구매한 TV를 추천할 것이다. 기업은 제품이 바람직한 특성을 가지고 고품질의 제품이 되도록 설계할 것이다. 시장 조사와 피드백에 기초하여 핵심 제품을 설계하여야 한다.

브랜드는 소비자의 제품탐색비용을 줄여주고 구매의사결정을 편리하게 해준다. 명성이 높은 브랜드라면 좋은 제품일 것이라는 정보를 내포하고 있으므로 상품을 안심하고 구매할 수 있기 때문이다. 브랜드는 기업 수익의 원천이 된다. 브랜드는 고객을 신규로 획득하는 비용을 낮추고 고객 유지를 증진시킨다. 브랜드 명성이 높을수록 신규고객을 획득하기가 쉬워지기 때문이다. 고객유지 비용은 기존 고객이 재구매 하도록 하는데 소요되는 비용이다. 일반적으로 기존 고객을 유지하는 것보다 신규 고객을 획득하는데 더 많은 비용이 소요된다.

8.3.3 시장세분화

시장세분화(market segmentation)는 잠재적 소비자를 여러 개의 집단으로 나누는 것이다. 시장은 서로 다른 욕구를 가진 다양한 소비자들로 구성되어 있다. 소비자들은 나이, 소득, 지리적 위치 등이 서로 다르기 때문에 여러 개의 작은 집단으로 나눌 필요가 있다. 시장을 제품에 대한 욕구가 서로 다른 그룹들로 세분화하면 각 세분화된 그룹의 소비자들에게 초점을 맞추는 마케팅 활동을 수행할 수 있다. 같은 집단 내에 속하는 소비자들은 동일한 특성을 가지기 때문에 광고나 촉진활동 등 마케팅 노력을 결정하고 집중하는 것이 더 쉬워진다. 각 그룹에 속하는 소비자는 다른 그룹과는 다른 욕구를 가지므로 그룹마다 요구하는 제품을 이해하고 그 그룹에 적절한 제품을 개발해야 한다. 세분화 된 시장들 중에서 기업이 가장 잘 만족시킬 수 있는 세분시장을 선정하여 목표시장으로 삼을 수 있다.

여러 가지 기준으로 시장을 세분화 할 수 있다. 시장세분화의 기준으로서 소비자의 지리적 위치, 인구통계적 변수, 그리고 심리적 특성 변수를 이용할 수 있다 (Schneider, 2007).

- ○ 지리적 세분화(geographic segmentation)는 국가별 도시별 혹은 지역별로 세분화하는 것이다. 각 지역마다 소득, 나이, 문화 등이 다를 경우 그 지역에 적합한 마케팅을 할 필요가 있다.
- ○ 인구통계적 세분화(demographic segmentation)는 나이, 성, 소득, 교육수준, 종

교, 인종 등에 따라서 고객을 집단화하는 것이다. 젊은 층이 많이 찾는 상품과 노년층이 많이 소비하는 상품이 서로 다를 수 있다.

○ 심리적 세분화(psychographic segmentation)는 소비자를 사회계층, 성격, 라이프 스타일등에 따라서 그룹화 하는 것이다.

이러한 기준은 웹사이트의 목표 고객을 어떤 고객층에 둘 것인가를 정하는데 응용될 수 있다. 웹사이트를 유행을 좋아하는 젊은이들을 대상으로 장식할 수도 있고 장년층을 대상으로 좀 보수적이고 조용한 스타일로 꾸밀 수도 있다.

웹사이트에 찾아오는 소비자들의 행동패턴을 분류하면 단순 방문자(browser), 구매자, 그리고 쇼핑객들이 있다. 단순 방문자는 웹사이트를 방문해서 웹페이지를 구경만 하는 사람들이므로 그들을 자극해서 재방문할 수 있도록 하는 것이 좋다. 등산용품을 판매한다면 등산객들이 관심을 가지는 등산로와 사진들을 모아서 제공하는 것도 한 방법이 될 것이다. 구매자는 당장 상품을 구매할 준비가 된 소비자이다. 쇼핑카트를 이용하여 구매하는데 편리하도록 웹사이트를 준비해두어야 한다. 쇼핑객(shopper)이란 구매하는데 관심이 있는 품목을 전자상점이 취급하고 있다는 것을 알고 방문하는 소비자로서 구매할 필요성을 느끼고 있으나 구매결정을 내리기 전에 더 많은 정보를 필요로 하는 소비자이다. 상품비교시설, 제품에 대한 고객의 평가, 제품의 특징 설명 등을 제공할 필요가 있다.

8.3.4 고객관계강도

마케팅 목표의 하나는 고객과 좋은 관계를 형성하는 것이다. 고객과의 좋은 관계는 기업과 기업의 제품과 서비스에 대한 충성심을 증진시킨다. 고객이 시간이 흐름에 따라서 개발하는 충성도의 단계는 그림 8-3에서와 같은 5단계 모형으로 나타낼 수 있다. 이 모델에서 보면 4단계까지는 충성도가 증가하는 것을 나타내고

(awareness, exploration, familiarity, commitment) 마지막 5번째 단계에서는 충성도가 감소되고 관계가 종료(separation)되는 것을 나타낸다. 모든 고객이 5개의 단계를 순서적으로 거치는 것은 아니고 중간에서 더 발전하지 못하고 중단되는 경우도 있다.

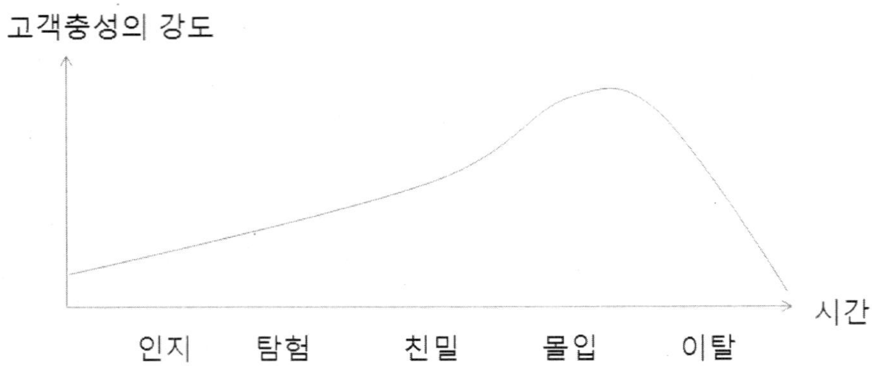

그림 8-3　고객충성도의 5단계(자료원: Schneider, 2007)

① 인지(awareness): 회사의 이름을 알거나 상품을 알고 있는 고객은 고객 충성도의 인지단계에 있다. 그들은 회사 혹은 상품이 존재한다는 것을 알고 있으나 회사와 상호작용은 없다. 회사나 상품을 홍보하는 광고는 잠재고객과 이러한 수준의 관계를 형성하는데 도움이 된다.

② 탐험(exploration): 잠재고객은 회사 웹사이트에 방문하기도 하고 전화나 이메일을 통해 회사와 의사소통이 일어난다. 온라인 혹은 오프라인에서 고객과 만나는 방안을 접촉점(touchpoint)이라 한다. 접촉점을 통해 고객과 많은 정보 교환이 일어난다.

③ 친밀(familiarity): 회사와 몇 번 거래하고 반품이나 가격 등 거래조건에 관해 알고 있다. 경쟁회사에서 상품을 구매할 수도 있다.

④ 몰입(commitment): 회사와 여러 번의 만족스러운 거래가 있고 난 후 회사의 상

품이나 브랜드에 대한 강한 충성도를 갖게 된다. 가격이나 조건에 있어서 회사가 양보를 할 때 친밀단계에서 몰입단계로 넘어오는 수도 있다. 고객은 다른 사람들에게 그 회사와의 거래가 만족스럽다고 이야기 한다.

⑤ 이탈(separation): 시간이 흘러가면 관계가 변할 수 있다. 서비스나 품질에 불만을 가지고 이탈할 수도 있다. 회사로서도 계속적으로 높은 충성도를 유지하는 것이 너무 비용이 많이 소요될 수도 있으므로 관계의 강도가 낮아지고 고객의 이탈이 발생할 수도 있다.

8.3.5 마케팅 커뮤니케이션

마케팅 메시지를 전달하는데 있어서 이용할 커뮤니케이션 매체를 선택하는 것도 중요한 마케팅 전략의 일부이다. 중요한 매체로서 매스 미디어, 웹, 개인적 접촉이 있다. 웹은 매스 미디어와 개인적 접촉 양쪽의 장점을 가지고 있다. 고객관계에서 중요한 신뢰(trust)를 세가지 종류의 매체간에 비교해보면 매스 미디어의 경우 신뢰수준이 가장 낮다. 소비자가 TV나 신문으로부터 얻는 광고메시지에 대해 가지는 신뢰감이 상대적으로 낮다. 그러나 대중 매체는 하나의 메시지를 제작하여 수많은 사람들이 보고 들을 수 있도록 노출시킬 수 있으므로 개인 소비자당 계산되는 광고비는 상대적으로 저렴하다고 볼 수 있다.

웹 이용자는 웹에 게재된 메시지를 보다 적극적으로 보고 평가할 것이다. 인터넷은 새로운 커뮤니케이션 방식으로서 사람들은 자기 생각을 웹사이트에 게재하고 그 게재된 내용에 대해 다른 사람들이 자기 의견을 첨가할 수 있다. 이러한 유형의 웹사이트를 블로그(blog)라고 한다. 블로그는 온라인 상점에 대해 개성을 주기 때문에 고객은 쇼핑을 하지 않는다 할지라도 그 웹사이트를 방문할 이유를 가지게 된다. 블로그는 높은 신뢰를 가지는 개인적 접촉 방식과 유사한 커뮤니케이션을 웹에서 할 수 있다는 것을 보여준다.

8.3.6 고객설득의 4단계

AIDA는 설득에 있어서 4단계를 나타낸다(Krishnamurthy, 2003). AIDA는 주의(attention), 관심(interest), 욕망(desire), 행동(action)을 의미한다. 소비자가 브랜드의 존재를 알지 못한다면 관심을 가질 수 없을 것이다(A). 관심은 상품의 속성과 기능에 대한 깊은 이해로부터 발생한다(I). 관심만으로는 행동으로 이어지지 않는다. 소비자가 경쟁사의 상품보다 더 높은 가치를 부여해야 한다(D). 강한 상품에 대한 욕망이 일어나야 소비자가 그 상품을 구매할 것이다(A). 소비자가 판매 상품에 대해 주의를 가지고 웹사이트를 방문하도록 하고 다른 상품과 쉽게 비교하고 평가해서 구매에 이를 수 있도록 해야 한다.

8.3.7 고객 획득, 전환과 유지

고객관리에 있어서 한명의 고객을 관리하는데 소요되는 비용과 그 고객으로부터 얻는 편익을 고려할 필요가 있다. 고객획득 프로세스에 있어서 한명의 고객을 추가적으로 얻는 편익과 수반되는 추가적 비용을 비교할 필요가 있다.

편익은 고객의 평생가치로 측정되며 고객으로부터 발생할 것으로 기대되는 할인된 현금흐름으로 정의된다. 할인된 현금흐름은 잠재적 수입에서 고객유지비용을 차감한 것이다. 고객과 관계를 개발하는데 있어서 발생하는 비용의 두 요소는 고객획득비용(customer acquisition cost)과 고객유지비용(customer retention cost)이다. 고객획득비용은 고객과 관계를 시작하기 위해서 필요한 마케팅과 광고비용이다. 고객유지비용(customer retention cost)은 고객과 지속적으로 거래하기 위해서 그 개인의 평생 동안 발생하는 마케팅 비용이다.

사이트 방문자가 증가함에 따라서 얻는 편익은 수익모델에 따라 다를 수 있다. 광고수입 모델은 더 많은 방문자가 와서 더 오래 머물 수 있도록 하는데 관심이 있다. 하나의 방문자를 끌기 위해 웹사이트가 지출하는 비용을 획득비용(acquisition cost)

이라 한다. 첫 방문자가 고객이 되는 것을 전환(conversion)이라 한다. 방문자가 고객으로 그 사이트에 등록하거나 재방문할 때 광고를 주로 하는 사이트에서는 전환이라 볼 수 있다. 소매상점을 운영하는 사이트에서는 방문자가 상품을 구매하면 전환이라 본다. 이러한 전환비용(conversion cost)에는 누적적인 획득비용도 포함된다. 웹사이트에서 수익이 나려면 한번 방문한 고객이 재방문하고 재구매하여야 한다. 첫 방문 후 재방문하는 고객을 존속 고객(retained customer)이라 한다. 고객이 웹사이트에 재방문하고 재구매하도록 하는데 지출되는 비용을 유지비용(retention cost)이라 한다. 신규 고객의 획득 보다 고객 유지가 더 중요하다. 신규 고객을 획득하는 비용이 기존 고객을 유지하는 비용 보다 3내지 15배 더 크기 때문이다 (Schneider, 2007).

8.3.8 고객수익성 분석과 고객 데이터베이스

고객 데이터베이스를 만들면 각 고객으로부터 얻는 이익을 측정할 수 있다. 여기서 이익은 고객으로부터 발생하는 수익에서 고객 획득과 유지비용을 차감한 것이다. 기업 이익에 가장 많이 공헌하는 소비자를 식별하고 상응하는 보상을 주는 것이 좋다. 고객 등급에 따라서 대우를 달리할 수 있다. 고객 데이터를 이용하는 세 가지 방안이 있다.

- 방어적 이용: 충성고객을 유지하는 것이다. 다른 고객에게 제공하지 않는 특별 대우를 해준다.
- 매우 공격적 이용: 경쟁사의 충성고객을 설득하는 것이다. 경쟁사의 보복이 있을 수 있으므로 매우 비용이 많이 소요된다.
- 약한 공격적 이용: 가격에 민감한 고객을 상대로 가격 할인행사를 하여 구매를 설득한다.

8.4 인터넷 마케팅 기술

인터넷 마케팅의 목표는 기업이 평균 이상의 수익을 얻도록 고객관계를 구축하는 것이다. 고객관계를 구축하는데 있어서 중요한 것은 탁월한 제품과 서비스를 고객에게 제공하는 것이다. 인터넷 마케팅과 일반적인 마케팅의 차이는 인터넷 마케팅은 인터넷이라는 환경에서 온다. 그래서 인터넷 마케팅 기술에 대해 살펴보고자 한다.

8.4.1 웹 거래일지

전자상거래를 하면서 소비자 행동을 알 수 있는 방법이 있다. 웹상에서 소비자 정보의 주된 원천은 웹 서버가 관리하는 거래일지이다. 거래일지(transaction log)는 웹사이트에서의 방문자 활동을 기록한다. 거래일지는 웹서버에 보관된다. 웹사이트에 회원으로 가입하면 방문자의 등록양식을 통해 회원 데이터를 수집할 수 있다. 보통 이름, 주소, 전화, 이메일 주소, 관심 분야 등에 대한 데이터를 얻을 수 있다. 고객이 실제로 상품을 구매하면 구매품목, 지불방법 등을 수집할 수 있다. 이러한 데이터를 수집하면 아래 마케팅 물음에 대한 답을 얻을 수 있다(Laudon & Traver, 2008)

- ○ 방문자의 관심이 무엇인가?
- ○ 홈페이지 방문한 후 주로 어느 웹페이지로 먼저 이동하는가?
- ○ 어떻게 하면 방문자가 보다 쉽게 사이트를 이용하여 그들이 원하는 것을 찾을 수 있는가?
- ○ 고 마진 상품을 구매하도록 하기 위해서는 사이트 설계를 어떻게 변경해야 하는가?
- ○ 어느 사이트에서 이동해오는가?

○ 개인 방문자에게 어떻게 메시지나 상품을 개인화 할 수 있는가?

8.4.2 쿠키와 웹 버그

거래일지는 기본적인 온라인 데이터 수집 방법이고 다른 데이터 수집 기법을 보완적으로 이용할 수 있다. 쿠키(cookie)는 고객이 웹사이트를 방문할 때마다 웹사이트가 방문자의 컴퓨터 하드디스크에 만들어 둔 작은 텍스트 파일이다. 이 쿠키 파일을 나중에 웹사이트에서 읽을 수 있다. 쿠키는 고객의 웹사이트에서의 행동을 이해하는데 이용된다.

웹 버그(web bug)는 작은 그래픽 파일인데 이메일 메시지와 웹사이트에 내포되어 있다. 웹 버그는 자동적으로 사용자와 열람되는 웹페이지를 모니터링 서버에게 전송한다. 이메일 수신자가 이메일을 열어 보았다는 사실을 서버에 알려주므로 그 수신자가 이메일 제목에 관심을 가진다는 것을 알 수 있다(Laudon & Traver, 2008).

8.4.3 데이터웨어하우스와 데이터마이닝

데이터웨어하우스(data warehouse)는 여러 운영적 데이터베이스로부터 수집된 정보의 집합으로서 비즈니스 분석과 의사결정 지원을 위해 이용된다. 웹사이트 거래일지, 거래 데이터, 고객 데이터 등 다양한 데이터가 수집된다. 데이터웨어하우스를 이용하면 기업은 아래 질문에 답할 수 있다:

○ 지역별로 무슨 제품이 가장 많이 팔리는가?

○ 어느 지역에서 어떤 방식의 마케팅 캠페인이 효과적인가?

○ 기업 웹사이트의 어떤 촉진활동이 보다 효과적인가?

데이터마이닝은 데이터베이스나 데이터 웨어하우스의 데이터를 분석하여 패턴을 찾는 기법이다. 변수간의 패턴은 마케팅을 포함하여 관리적 의사결정에 많은 도움이 된다. 예를 들어 소주와 등산복이 여름에 함께 팔리는 패턴이 있다면 두 가지 상품을 같은 매장에 진열할 것인가 결정하는데 도움이 될 것이다.

8.4.4 광고 네트워크

광고 네트워크(advertising network)라고 불리는 전문화된 마케팅 기업은 전자상거래 사이트가 인터넷의 강력한 추적과 마케팅 잠재력을 이용하는 것을 도와준다. 가장 잘 알려진 광고 네트워크는 더블클릭(DoubleClick)이다. 더블클릭은 매달 약 600억 광고를 서비스하며 1억 사용자 프로파일을 유지하고 있다. 적절한 배너광고를 저장하고 있다가 웹 이용자(소비자)에게 전송하기 위해 전문화된 광고 서버를 이용한다. 더블클릭과 같은 광고 네트워크가 작동하는 방식은 아래와 같다(Laudon & Traver, 2008).

① 소비자가 광고 네트워크 회원 회사(상인)의 사이트를 방문한다. 소비자가 회원사 사이트의 웹페이지를 요청하게 된다.

② 상인의 사이트 서버는 더블클릭 광고 서버와 연결한다.

③ 광고서버는 소비자의 하드드라이브에 있는 쿠키파일을 읽고 고객 프로파일 데이터베이스를 체크해서 소비자를 인식한다. 고객 프로파일(customer profile)이란 기업이 고객에 대한 알고 있는 모든 것을 말하며, 서베이나 등록용지에 기재된 정보와 클릭흐름 분석(clickstream analysis)과 쿠키로부터 추론된 정보가 포함된다(Krishnamurthy 2003).

④ 광고서버는 사용자의 과거 구매, 관심분야, 인구통계 등을 기초로 하여 적절한 배너 광고를 선택한다.

⑤ 사용자가 나중에 온라인 접속을 하여 회원사의 웹사이트를 방문할 때마다 광고서버는 사용자를 인지하고 광고를 보낸다.

⑥ 웹 버그를 통해 광고네트워크는 사이트를 이동하는 소비자를 추적한다.

8.5 인터넷 광고

광고는 기업과 소비자 간의 커뮤니케이션이다. 여러 가지 형태의 온라인 광고가 있다.

8.5.1 배너광고와 팝업광고

배너광고(banner ad)는 초기의 인터넷 광고 형태로서 웹에서 가장 많이 이용되고 있다. 배너광고는 웹페이지에 게시된 작은 사각형 박스 속에 광고메시지를 넣고 있다(그림 8-4). 내용물이 고정되어 있거나 혹은 움직이는 형태를 가지며 광고주의 웹사이트에 하이퍼링크되어 있는 것도 있다. 그래서 배너 광고를 클릭하면 보통 그 잠재고객을 광고기업의 웹사이트로 이동시켜준다. 광고주의 웹사이트로 이동한다는 것은 판매상인의 전자상점으로 넘어가는 것이며 그 곳에서 방문자는 상품에 대한 보다 자세한 내용을 살펴보고 구매주문을 할 수 있다. 광고 내용이 다양한 이미지를 나타낼 수도 있고 그 모습을 변화시킬 수 있다. 배너광고는 플래시 비디오(Flash video)와 애니메이션(animation) 혹은 움직이는 사진(animated GIF)의 형태를 가질 수 있다.

배너광고에 대한 표준화된 규격으로서 상호작용적 마케팅 단위 광고 포맷(IMU ad format, interactive marketing unit ad format)이 있다. IAB(Interactive Advertising Bureau)는 배너 광고와 버튼에 대한 규격을 제공하고 있다. 구체적으로 키가 크고 좁은 배너광고(skyscraper), 다양한 사각형 크기의 배너, 별도의 창으로 열리는 팝업(pop-up) 등에 대한 규격을 제시하고 있다. 버턴(button)은 일반적인 배너에 비해 크기가 작은 배너광고로서 보통 사각형의 작은 아이콘 형태로 되어 있다.

팝업 광고(pop-up ad)는 특정 웹페이지를 열 때마다 새로 뜬 화면과 함께 그 위에 나타나는 윈도우 형태의 배너광고를 말한다. 배너광고는 웹페이지의 한 공간을 차지하는 반면 팝업광고는 해당 웹페이지 위에 겹쳐서 단독으로 뜨는 광고형태이다. 이런 광고를 싫어하는 방문자를 위해 '오늘 하루 창 안 띄우기'와 같은 안내가 광고와 함께 나타나기도 한다.

기업이 배너광고를 게시하는 여러 가지 방안이 있다(Schneider, 2007). 첫째, 배너교환 네트워크를 이용하는 것이다. 배너교환네트워크(banner exchange network)는 회원들이 서로 다른 회원의 광고를 올려주는 방안이다. 또는 기업들이 제휴를 맺어 제휴 사이트에 자기 회사의 배너를 올릴 수 있다. 둘째, 기업이 목표로 삼는 소비자 집단에 적합한 웹사이트를 찾아 배너광고를 올리는 것이다. 광고대행기관이 고객기업을 위해 광고를 설계하고 배너를 제작하여 게시할 적절한 웹사이트를 찾아줄 수 있다. 기업이 대중매체광고를 구입할 때 천명 단위(e.g. 광고를 보는 사람)로 광고료를 계산한다. 이러한 가격 책정 방식을 CPM(cost per thousand)으로 나타낸다(여기서 M은 1,000을 나타낸다).

그림 8-4 배너광고(자료원: www.onlainad.com, 2009. 7. 24)

8.5.2 리치 미디어 광고

리치 미디어 광고(rich media ad)는 플래시, 동적 HTML, 자바, 스트리밍 오디오나 비디오를 이용하는 광고이다. 스트리밍(streaming)은 인터넷에서 음성이나 영상 등을 실시간으로 재생하는 기법이다. IAB가 리치 미디어 광고에 대해서도 규격에 대한 지침을 제시하고 있다. 리치 미디어 광고는 방문자가 광고와 어떤 식으로든지 상호작용할 수 있도록 한다. 리치 미디어는 브랜드 인식을 높일 수 있다. 리치 미디어 광고로서 삽입광고(interstitial ad)와 슈퍼스티셜 광고(superstitial ad)가 있다. 삽입광고는 웹 방문자가 현재 웹페이지에서 다른 웹페이지로 이동하는 사이에 넣은 광고이다. 광고 메시지에 관심이 없는 방문자를 위하여 생략하거나 중단을 요청하는 옵션이 있는 것이 좋다. 슈퍼스티셜 광고는 일반적인 배너 보다는 크며 표현이 풍부하다. 광고 시간이 약 20초 정도이고 애니메이션, 소리, 그래픽 등이 조합될 수 있다.

8.5.3 검색엔진 광고

인터넷에는 Google, Yahoo, MSN과 같은 많은 검색엔진이 있다. 검색엔진 사이트는 원래 웹페이지를 공평하게 검색되도록 제공하였으며 수입은 배너광고로부터 얻었다. 1998년부터 검색엔진 사이트는 서서히 디지털 옐로우 페이지로 바뀌어서 고객 회사는 검색엔진 인덱스에 포함되는데 대해 대금을 지불한다. 또한 검색된 결과를 보여주는 웹페이지 상의 특정 위치에 나타나게 하거나 특정 순위로 나타나게 하는데 대해 대금을 지불한다. 보통 검색 결과의 상단에 회사의 광고내용이 나타나는 것을 선호한다.

키워드 광고란 특정 키워드에 대해 광고를 등록해 놓으면 네이버와 같은 포털 사이트에서 방문자가 해당 키워드를 검색하였을 때 검색 결과를 보여주는 웹페이지에 사전에 등록해놓은 광고를 보여주는 방식이다. 검색어에 해당하는 분야에 관심이 있는 이용자에게만 광고가 노출되는 장점이 있다. 상인은 경매과정을 통해 키워드를 구매한다. 소비자가 그 단어를 검색할 때마다 광고가 웹페이지에 나타난다. 보통 작은 텍스트 기반 광고이다.

네트워크 키워드 광고(network keyword advertising)는 웹사이트를 가진 기업들의 네트워크가 그들의 웹사이트에 Google이 요청한 광고를 게재한 것이다. 그 광고에 소비자의 클릭이 일어나면 광고를 게재해준 기업은 구글로 부터 수수료를 받는다.

사례: NAVER의 키워드 광고

네이버 키워드광고는 과금 방식을 기준으로 클릭당 과금이 이루어지는 클릭초이스와 시간당 과금이 이루어지는 타임초이스로 나누어진다(그림 8-5). 클릭초이스는 노출되는 영역에 따라 클릭초이스 키워드광고와 클릭초이스 네트워크 광고로 다시 나누어진다.

클릭초이스 상품의 광고노출영역은 파워링크와 비즈사이트이다(그림 8-6). 타임

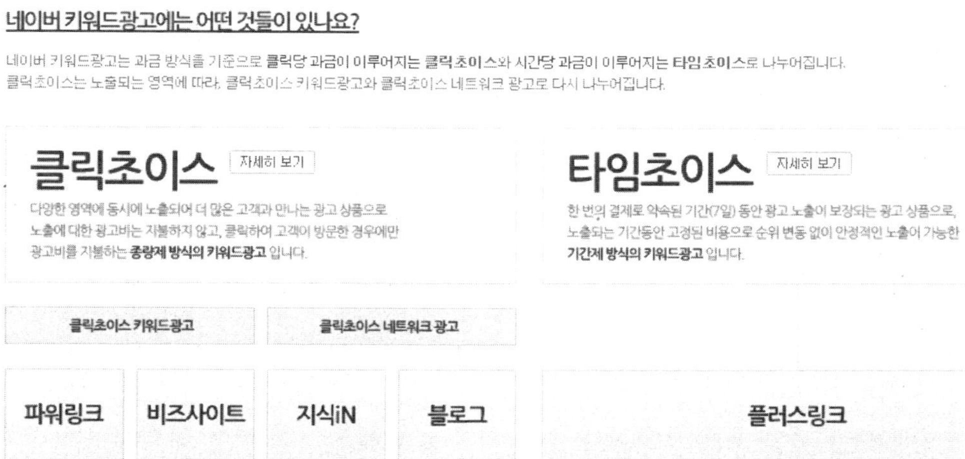

그림 8-5 네이버 키워드 광고의 종류

통합검색 결과 페이지

네이버 통합검색 결과 페이지에 표시됩니다.
파워링크와 비즈사이트(클릭초이스 상품),
플러스링크(타임초이스 상품)가 여기에 해당됩니다.

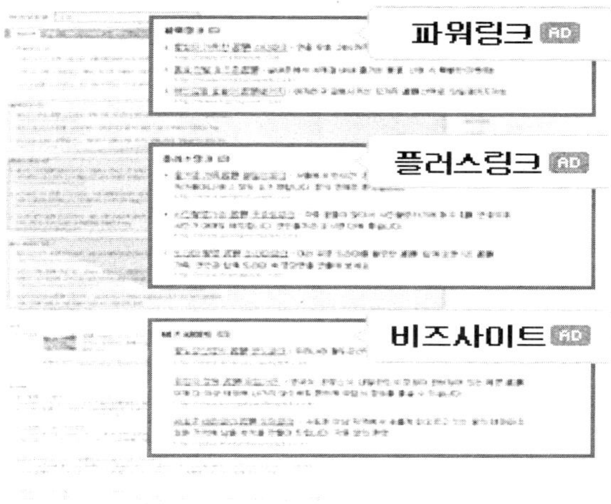

그림 8-6 광고노출영역: 통합검색 결과 페이지

지식iN 페이지 하단

광고와 관련된 내용의 지식iN페이지 하단에 노출됩니다.
클릭초이스 네트워크 광고 상품이 여기에 해당됩니다.

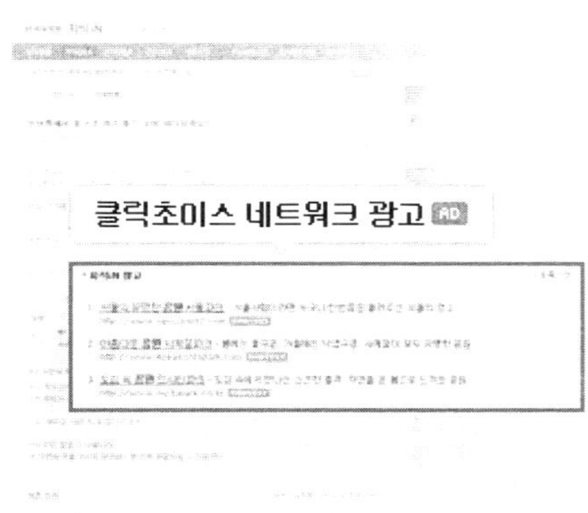

블로그 페이지

해당 블로그의 포스트와 관련된 내용의 광고가 노출됩니다.
클릭초이스 네트워크 광고 상품이 여기에 해당됩니다.

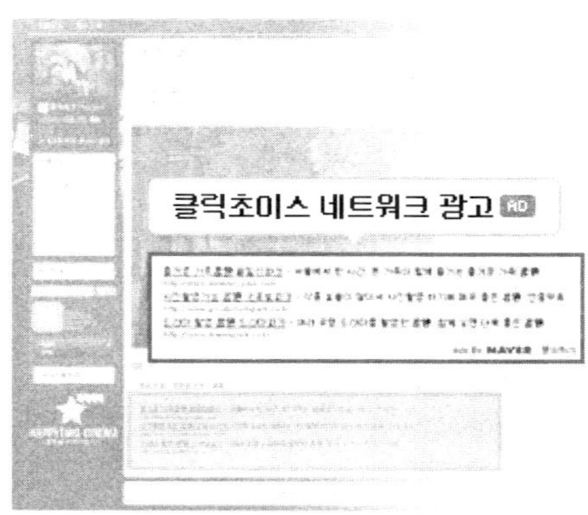

그림 8-7 광고노출영역: 지식인과 블로그

초이스 상품의 광고노출영역은 플러스링크이다. 클릭초이스 네트워크 광고의 광고노출영역은 광고와 관련된 내용의 지식IN 페이지 하단과 블로그 페이지이다(그림 8-7). 블로그에는 해당 블로그의 포스트와 관련된 내용의 광고가 노출된다.

8.5.4 사이트 후원

어떤 웹사이트는 광고주에게 웹사이트 일부에 대해 후원을 받을 수 있다. 이러한 사이트 후원은 광고주들에게 그들의 제품 서비스 혹은 브랜드를 촉진시키는 기회를 준다. 웹사이트의 후원을 구매하는 기업은 스포츠 경기 후원자나 TV 프로그램 후원자와 비슷한 목표를 가진다. 후원을 맡은 기업은 회사나 제품 이름을 이벤트나 정보에 연결시킨다. 이벤트나 정보의 질이 제품이나 서비스에 전달될 것이라는 아이디어이다. 일반적으로 후원은 직접 판매로 이어지기 보다는 브랜드 이미지 구축과 명성을 얻는데 이용된다.

8.6 허용 마케팅과 이메일 마케팅

소비자는 기업에게 자신들의 특정 관심 분야에 대한 촉진 메시지를 보내는 것을 허용한다. 그러면 기업은 소비자의 관심분야에 맞추어 마케팅 메시지를 보낼 수 있다. 소비자는 관심이 있는 분야의 메시지를 더 받을 수 있고 기업은 반응할 가능성이 높은 소비자를 상대로 광고를 할 수 있다.

허용 마케팅(permission marketing)의 대표적인 방법으로 이메일 허용 마케팅이 있다. 이메일은 세 가지 특성이 있다: 상호작용성, 신속성, 도달. 상호작용성(interactivity)은 쌍방향이라는 뜻이다. 신속성(rapidity)은 이메일이 기업으로부터 소비자에게 신속하게 전달될 수 있다는 것이다. 도달(reach)이란 현대 인구의 많은 비중이 이메일을 이용하기 때문에 많은 사람들에게 메시지를 보낼 수 있다는 것이다.

기업이 이메일을 이용하는 경우 이메일 비용은 저렴하지만 소비자들이 촉진용 이메일을 스팸(spam)으로 간주할 수 있으며 관심이 없는 촉진용 이메일은 열어 보지도 않고 삭제하는 경향이 있다는 것을 고려해야 한다. 그러나 소비자가 이메일 수신을 허용하면 반응율이 더 높아질 것이다. 허용에는 두 가지 유형이 있다(Krishnamurthy, 2003).

- 선택적 금지(opt-out): 기업이 요청 받지 않은 이메일을 소비자에게 보내고 미래에 메시지를 받지 않을 선택을 할 수 있게 하는 것이다. 더 이상 이메일을 받는 것을 원하지 않는다면 여기를 클릭하시오 라는 문장을 이메일에 포함시킨다. 보통 소비자가 회원 등록을 하거나 상품을 구매하면서 이메일이나 개인 정보를 기업에 제공하였을 때 촉진메시지를 보낸다.
- 선택적 허용(opt-in): 소비자가 기업에게 메시지를 보내도 좋다고 허용하는 것이다. 허용한 경우를 제외하고는 소비자 인적 정보의 사용이 금지된다. 소비자가 소나타 가격이 10% 이상 할인 판매한다면 이메일로 메시지를 보낼 것을 자동차 딜러에게 허용하는 경우가 있을 수 있다.

이메일(E-mail)은 사람들이 가장 많이 사용하는 커뮤니케이션 도구 중에 하나이다. 기업은 이메일을 이용한 광고를 할 수 있다. 많은 기업들은 현재 그리고 잠재고객들에게 제품을 소개하기 위해서 이메일 메시지를 보낼 수 있다. 이메일 마케팅에 있어서 중요한 이슈는 고객의 동의를 얻는 것이다.

많은 기업들은 고객과 효과적인 대화의 수단으로서 이메일을 이용한다. 전환율(conversion rate)은 광고나 촉진에 대해 반응하는 비율이다. 이메일의 전환율이 배너광고의 CTR(click-through rate)보다 높다(Schneider, 2007). 특정 토픽이나 제품에 대해 정보를 요구하는 사람들에게 이메일 메시지를 보내는 것을 선택 이메일(opt-in e-mail)이라고 하며 허용 마케팅의 일부가 된다.

전통적인 촉진 방법(e.g., 신문, TV)은 일반적인 메시지를 모든 소비자에게 전달하는 방식이다. 개별 고객의 관심 분야는 별로 고려하지 않고 광고메시지를 보내기 때문에 그 메시지에 관심을 기울이지 않는 사람들이 많았다. 그러나 이메일을 이용하면 고객이 관심을 가지고 있고 메일 수신을 동의한 분야의 상품정보와 촉진 메시지를 이메일로 보낼 수 있다는 점에서 전통적인 촉진 방법에 비하여 상대적으로 좋다고 볼 수 있다.

광고메시지가 상당히 많거나 오디오 혹은 비디오 파일을 포함한다면 이메일 메시지에 하이퍼링크를 넣어서 이메일을 수신하는 소비자가 관심이 있으면 해당 웹페이지로 와서 볼 수 있도록 한다. 인쇄물, 방송, 이메일 등 여러 가지 매체를 이용한다면 매체간에 내용의 일관성이 필요하다.

8.7 브랜드 관리

유명 브랜드는 잠재 고객들에게 고품질의 상품을 의미한다. 브랜드 명성이 있으면 광고하고 판매하기 쉬워진다. 예컨대, 삼성의 애니콜 브랜드는 수년에 걸쳐 개발되어 왔고 널리 알려져 있다. 신뢰할 수 있는 브랜드의 가치는 그 브랜드 탄생에 소요되는 비용을 초과한다.

8.7.1 브랜딩의 요소

브랜드는 소비자들의 마음속에 형성되는 인식으로서 특정 상품과 그 상품에 부여되는 특징이 어떻게 연관되느냐에 따라 결정된다. 브랜드의 기본요소는 차별화, 관련성, 지각된 가치이다(Schneider, 2007). 제품차별화(product differentiation)는 브랜드를 창출하는데 첫 번째 요소이다. 기업은 자사의 상품과 다른 기업들의 상품을 명확히 차별화할 수 있어야 한다. 두 번째 브랜딩의 요소는 관련성(relevance)이다. 관련성은 브랜드가 잠재고객에게 효용을 주는 정도이다. 상품이 소비자의 생활에 적합한 것이어야 한다. 셋째 요소는 지각된 가치로서 가치 있는 브랜드 창출에 중요한 요소이다. 상품이 좋다는 생각을 소비자가 가져야 한다. 예컨대, Pavv라는 LCD TV가 그 디자인이 포도주 잔의 이미지를 주면서 다른 브랜드에 비하여 차별화되어 있고 소비자의 생활 속에 꼭 필요하고 가치가 있으며 화면이 선명하고 전자파가 없어서 좋다는 가치를 제공하고 있다면 브랜드 명성이 높다고 볼 수 있다.

8.7.2 감정적 브랜딩과 합리적 브랜딩

감정적 브랜딩(emotional branding)은 TV, 라디오, 신문 등과 같은 전통적인 매체에서는 소비자가 정보를 얻는데 있어서 수동적 모드에 있으므로 효과적일 수 있다. 그러나 웹에서는 감정적 호소는 잘 통하지 않는다. 왜냐하면 소비자가 적극적으로 웹에 접속하여 티켓 예매나 정보 획득 활동을 하기 때문이다. 그래서 마케팅 관리자는 웹상에서는 합리적 브랜딩(rational branding)을 이용하는 것이 좋다. 합리적 브랜딩은 광고를 보는 대가로 웹 방문자를 도와준다. 예를 들면, 이메일 무료 서비스를 제공하면서 그 웹페이지에 광고를 게시하여 볼 수 있도록 한다.

8.8 기타 마케팅 전략

8.8.1 제휴 마케팅 전략

제휴 마케팅에서는 제휴회사(affiliate firm)의 웹사이트에 상품에 대한 설명, 품평 및 기타 정보를 게재하고 방문자가 이 정보를 클릭하면 그 상품을 판매하는 회사의 웹사이트로 연결되어 넘어가며 상품에 대한 구매결정을 하게 된다. 상품 정보를 게재한 제휴회사는 일정액의 수수료(commission)를 받는다.

○ 클릭에 대한 지불 모델(pay-per-click model)에서는 방문자가가 링크를 클릭하

고 판매자의 웹페이지를 불러올릴 때마다 제휴회사가 수수료를 받는다.

○ 전환에 대한 지불 모델(pay-per-conversion model)에서는 제휴회사는 사이트 방문자가 실제 구매자가 될 때 판매회사로부터 수수료를 받게 된다.

8.8.2 바이러스 마케팅 전략

기업이 소비자와 커뮤니케이션 할 수 있는 방법은 다양하다. 제조 기업의 판매원이 소비자와 직접 만나는 방법, 중간상인을 통해 상품을 소개하고 판매하는 방법, 웹을 통해 기업을 알리고 소비자와 정보를 주고받는 방법이 있다. 바이러스 마케팅(viral marketing)은 또 다른 소비자에게 기업을 알리는 방법으로서 기존의 소비자가 다른 사람들에게 구매경험을 알리는 것이다. 바이러스 마케팅은 고객이 친구나 가까운 사람에게 자신이 사용하고 있는 서비스에 대해 알려주면 그 사람이 그 서비스를 이용하게 되고 또 다른 사람에게 알려서 서비스 이용이 확산되는 것을 의미한다. 제휴 마케팅은 다른 기업의 웹사이트를 통해 상품을 알리는 방법인 반면 바이러스 마케팅은 개인 소비자가 다른 소비자에게 상품을 알리는 방안이다. 바이러스처럼 기업에 대한 내용이 소비자들 사이에 퍼져가는 것을 가리킨다.

기업이나 상품에 관한 메시지는 소비자들간에 빠른 속도로 전파될 수 있으며 시장 전체 소비자들에게 영향을 미칠 수 있다. 인터넷 출현으로 시장은 소비자들의 네트워크로 생각할 수 있다. 입소문 마케팅은 소비자들간에 상품에 대한 이야기가 전달되는 것을 관리하는 것이다. 입소문 마케팅은 바이러스 마케팅의 한 종류라고 볼 수 있다. 기업에 관한 부정적인 메시지가 전파되지 않도록 고객만족에 관심을 가져야 한다. 많은 사회적 네트워크는 물리적 공간뿐만 아니라 온라인상에서도 존재한다. 이메일이나 문자메세지를 통해 아는 사람에게 메시지를 보내는 것은 흔한 일이다. 점점 많은 사람들이 웹을 통해 정보를 얻고 메시지를 전달함에 따라서 네트워크의 가치는 더 커졌다.

바이러스 마케팅의 한 종류로서 우연적 감염에서는 소비자가 메시지 전달 프로세스에 있어서 자신의 역할을 알지 못한다. 소비자가 서비스 신청을 해서 이용하는 동안 상품의 인지도를 높인다. 소비자가 특별한 촉진 활동을 하는 것은 아니다. Hotmail은 우연적 감염(incidental contagion)의 좋은 예이다(Krishnamurthy, 2003). 이메일 메시지를 보낼 때 제일 밑에 "Get Your Private, Free Email at http://www.hotmail.com"이라는 광고용 문장이 들어간다. 이 메시지의 수신자는 Hotmail 웹사이트에 찾아가서 회원 등록하고 이메일을 이용하게 된다. 아주 빠른 속도로 Hotmail 이용자의 수가 증가하였다.

8.8.3 원투원 마케팅

원투원(one-to-one) 마케팅은 관계 마케팅(relationship marketing)이라고도 하며 고객관계 관리에 중요하다. 이것은 고객에 대한 정보를 기초로하여 그 고객에 대한 행동을 변경하려는 것이다. 판매원이 친철해지고 고객에 대해 관심을 갖는 것과 개별 고객에 대해 알고 추적하고 상호작용하는 것은 다른 일이다.

원투원 마케팅의 기본적 편익의 하나는 고객만족과 충성도의 향상일 것이다. 고객의 욕구를 미리 알고 있으면 거래를 할 때마다 고객이 원하는 것을 자세하게 명시하지 않아도 기업은 원하는 것을 제공해줄 수 있다. 거래가 훨씬 효율적이고 더 짧은 시간 내에 이루어지고 거래비용도 절약되는 효과가 있다.

왜 원투원인가? 고객이 필요로 하는 것을 이야기 해주면 그 고객의 요구에 맞추어 제공한다. 고객이 원하는 것을 알려면 고객과의 상호작용 속에서 학습이 일어나야 한다. 경쟁기업이 같은 맞춤화를 하여 상품을 제공한다 할지라도 고객이 그 기업에게 자신의 필요를 알려주어야 하는 수고를 해야 한다.

원투원 마케팅 프로그램을 실행하는 4 단계가 있다(Peppers et al., 1999)

① 고객을 이해한다. 고객과 접촉해서 고객에 대해 자세하게 알아야 한다. 고객의 이름, 주소, 전화뿐만 아니라 고객의 습관, 선호 등을 알 필요가 있다. 여기서

고객이란 제품을 소비하는 최종 소비자가 될 수도 있고 중간상인과 거래하는 제조업자라면 제조업자 입장에서 볼 때 유통 채널에 있어서 소매상이 될 수도 있다.

② 고객을 차별화 한다. 각 고객마다 회사에 대해 가지는 가치가 다르며 욕구도 다르다. 따라서 고객가치와 욕구를 반영하여 기업은 행동해야 한다.

③ 고객과 상호작용한다. 보다 효율적이고 효과적인 방법으로 고객과 상호작용할 필요가 있다. 웹사이트를 이용하여 필요한 최신 정보를 주고 서비스를 제공한다면 콜 센터를 그 만큼 덜 이용하게 되므로 콜 센터의 필요 인력이 감소하게 될 것이다. 콜 센터 인력이용보다 자동화된 시스템의 비용이 보통 저렴한 편이다고 본다.

④ 기업 활동을 맞춤화 한다. 고객과 지속적 관계를 가지기 위해서는 고객이 원하는 것을 만족시키는 방향으로 기업은 대응하여야 한다. 대량고객맞춤화를 하거나 혹은 제품과 관련되는 일부 서비스(e.g., 포장)를 맞춤화 할 수 있다.

| 연습문제 |

1. 소비자행동의 일반적 모델을 설명하시오.
2. 인터넷 광고의 유형을 설명하시오.

〈주요용어〉

시장세분화 / 전환비용 / 배너광고
팝업광고 / 키워드 광고 / 허용 마케팅
제휴 마케팅 / 바이러스 마케팅

제 9 장 전자상거래 보안과 결제

본장에서는 전자상거래 보안의 요소를 설명한다. 악성코드와 피싱 등 보안위협에 대해 소개하고 보안대책을 제시하였다.

9.1 전자상거래 보안의 요소

전자상거래의 보안이 유지되려면 보안을 구성하고 있는 아래와 같은 요소에 대한 관심이 필요하다. 기밀성, 프라이버시, 당사자인증, 무결성, 부인방지, 가용성이 지켜질 때 안전한 전자상거래가 가능해진다.

9.1.1 기밀성

기밀성(confidentiality)은 데이터와 메시지를 합법적인 취급자만이 접근하고 이용할 수 있도록 해야 한다는 원칙이다. 만약 은행의 계좌비밀번호가 합법적인 취급자 외에 다른 사람에게 노출되었다면 기밀성이 침해되었다고 볼 수 있다. 온라인 쇼핑몰에서 회원가입을 할 때 성명, 주민등록번호, 직장명, 주소 등이 입력된다. 이러한 정보가 불법적으로 공개되지 않아야 하며 사용권한이 있는 자에 의해 정당한 사유로 이용되어야 한다. 프라이버시(privacy)는 인터넷 상인에게 제공한 개인정보가 함부로 노출되지 않도록 보호되어야 한다는 것을 의미한다. 만약 해커가 전자상거래 사이트에 침투하여 고객의 신용카드번호를 읽어간다면 기밀성이 지켜지지 않았을 뿐만 아니라 프라이버시도 지켜지지 않은 것이다. 기밀성은 프라이버시 보호를 위해 필수적이다.

9.1.2 인증

인증(authenticity)은 인터넷에서 거래하는 당사자의 신원을 확인하는 것을 말한다. 만약 홍길동이 인터넷 상점을 방문하여 옷을 주문한다면 인터넷 상점은 홍길동이라고 밝히는 고객이 정말로 홍길동인지 그 신원을 확인할 수 있어야 한다. 다른 사람이 홍길동을 사칭하여 거래하는 것을 방지하기 위해서 당사자 인증방법이 필요하다. 홍길동은 고객으로서 자신이 방문한 인터넷 상점이 정말로 자신이 찾던 그 상점인지 확인할 수 있는 방법이 필요하다. 인증제도에 의해서 서로 지리적으로 떨어져 있는 당사자가 상대방을 확인하고 거래할 수 있다.

9.1.3 무결성

무결성(integrity)은 인터넷으로 송수신 되는 정보가 중간에 비합법적으로 변경되지 않았다는 것을 의미한다. 만약 은행에서 계좌이체를 위해 수신자의 계좌번호를 전송하는 도중에 누군가 비합법적으로 다른 사람의 계좌번호로 변경한다면 원하지 않는 다른 계좌에 입금될 수 있다. 이 경우 메시지의 무결성이 침해되었다고 볼 수 있다.

9.1.4 부인방지

부인방지(non-repudiation)는 전자상거래 참여자가 온라인에서의 행동을 부인하지 못하도록 하는 것을 의미한다. 예컨대, 고객이 온라인 상점에서 상품을 주문한 다음 나중에 주문 사실을 부인하게 되면 상품을 판매하는 상인으로서는 곤란해진다. 전자상거래에서 이런 문제를 봉쇄하기 위한 조치가 필요하다.

9.1.5 가용성

가용성(availability)은 전자상거래 사이트가 의도대로 기능을 잘 수행하는지를 의미한다. 전자상점이 소비자가 원하는 시간에 항상 정보를 제공하고 거래를 할 수 있다면 가용성이 있는 사이트라고 할 수 있다.

9.2 보안 위협

범죄인들이 전자상거래 시스템과 이용자들을 공격할 수 있는 방법에는 기술적 방법과 비기술적 방법이 있다. 기술적 방법은 범인이 컴퓨터 시스템에 대한 지식을 이용하는 것으로 바이러스가 대표적이다. 비기술적 방법은 범인이 사람들을 속여서 정보를 얻어가거나 이득을 취하는 것으로서 금융사기가 대표적이다. 범인들은 여러 가지 방법을 혼합하여 범죄에 이용하기도 한다.

9.2.1 기술적 공격 방법

악성코드(malicious code)는 맬웨어(malware)라고도 하는데 컴퓨터 소유자 몰래 컴퓨터에 침투하여 손상을 입히는 소프트웨어이다. 악성코드에는 컴퓨터 바이러스, 워엄, 트로이목마, 스파이웨어 등이 있다.

바이러스(virus)는 컴퓨터에 들어가서 데이터에 손상을 입히거나 프로그램을 파괴하여 작동할 수 없도록 하는 컴퓨터 프로그램이다. 바이러스가 PC에 들어오면 급속도로 다른 파일을 점염시킨다. 바이러스에 감염된 이동식 저장장치를 컴퓨터가 이용하거나 바이러스에 감염된 파일을 인터넷에서 다운로드 받을 때 컴퓨터가 감염된다. 따라서 외부에서 파일을 읽거나 다운로드 받을 때 백신 프로그램을 이용하여 바이러스 검사를 하는 것이 좋다.

바이러스에 감염되면 컴퓨터를 시작하는데 평소보다 시간이 더 오래 걸릴 수 있고, 시동 자체가 안될 수 있으며, 프로그램이 실행되지 않거나 화면에 이상한 글자가 나타나기도 한다. 어떤 프로그램을 실행시킬 때 침투한 바이러스가 작동하여 컴퓨터에 손상을 입히기도 한다.

워엄(worm)은 파일에서 파일로 점염되는 대신에 컴퓨터에서 다른 컴퓨터로 전파되는 악성코드이다. 워엄은 그 자체가 복제되기 위해서 사용자나 프로그램에 의해 가동될 필요 없이 독립적으로 작동한다. 워엄은 네트워크를 이용하여 전파되며 컴퓨터나 휴대폰을 점염시킨다. 워엄에 감염되면 워엄이 첨부된 이메일이 전송되어 다른 사람의 컴퓨터도 감염될 수 있다.

트로이목마(Trojan horse)는 겉으로는 좋은 것으로 보이지만 기대와는 달리 컴퓨터 시스템에 손상을 입히는 프로그램이다. 프로그램이 유용한 것처럼 보이지만 실행시키면 유해한 영향을 미친다. 옛날에 그리스와 토로이간이 전쟁에서 그리스가 커다란 목마를 만들어 그 속에 군인들을 잠복시키고 거짓으로 퇴각하였다. 트로이 사람들은 좋아하며 그 목마를 성안으로 가져왔으나 그날 밤 목마 속에 그리스 군인들이 성문을 열어 그리스 군대가 트로이 성을 쉽게 공격하여 승리하게 되었다. 이러한 이야기로부터 트로이 목마라는 악성코드의 명칭은 유래되었다.

9.2.2 피싱과 온라인 사기

온라인 뱅킹 계좌로부터 비밀번호와 같은 개인정보를 훔치는 악성코드와 함께 피싱과 같은 비기술적 방법을 이용하여 이익을 취하는 범행이 있다.

(1) 피싱

피싱(phishing)은 은행, 신용카드회사, 수사기관 등 믿을만한 기관을 사칭하여 이름, 비밀번호, 신용카드번호와 같은 개인정보를 얻으려고 하는 사기이다. 피싱은 전형적으로 사람들을 피싱사이트로 유도하여 개인정보를 입력하게 하는 범행이다. 피싱으로 얻은 개인정보를 금융범죄에 직접 이용하거나 지하시장에서 다른 범죄단체에 판매한다. 예를 들어, 금융범죄수사관인체하는 범인이 개인정보를 얻어내는 피싱이 있다. 전화 벨 소리에 전화기를 들면 여기 출입국 사무소인데 우편물이 하나 있다면서 이야기를 시작한다. 최근 미국 여권을 신청했는데 그 사람이 당신 몰래 당신 이름으로 여권을 만들어 적발되었다고 한다. 또한 그 사람이 당신 이름으로 신한은행에 통장을 만들어 수사 중인데, 사이버 범죄 신고를 도와주겠다고 하면서 피싱사이트로 유도한다. 사이버 경찰청 홈페이지 주소를 가르쳐 주면서 접속하도록 하고 수사하기 위해 필요하다고 하면서 거래은행의 계좌번호와 비밀번호를 홈페이지에 입력하기를 요구한다. 그러나 그 사이버 경찰청 홈페이지는 피싱사이트로서 개인정보를 얻어내기 위해 만든 가짜이다. 이런 식으로 속여서 보안카드, 공인인증서 비밀번호를 포함하여 거래은행에 관한 모든 정보를 읽어가서 결국 당신의 계좌에서 돈을 빼내어 사라지는 것이다.

사례: 피싱 사이트 (자료원: http://www.digitalog.com/171)

그림 9-1, 9-2, 9-3은 피싱 화면의 예를 보여준다. 그림 9-1에서는 정보유출로 보안승급 후 입력하라는 메시지를 받는다. 제시하는 사이트로 이동하면 바로 가짜 사이트이다. 그림 9-2에서는 주민등록번호를 입력하게 된다. 그리고 그림 9-3과 같은 화면에서 보안카드 비밀번호를 입력하라는 요구를 받는다. 아이디와 비밀번호까지 입력하면 이들 정보를 이용하여 은행계좌에서 계좌이체를 하여 사기를 당하는 것이다. 또한 개인정보는 범인이 다른 범행에 이용하거나 다른 범인에게 판매하여 수입을 올린다.

그림 9-1 피싱: 휴대폰 메시지

그림 9-2 피싱: 주민등록번호 입력화면

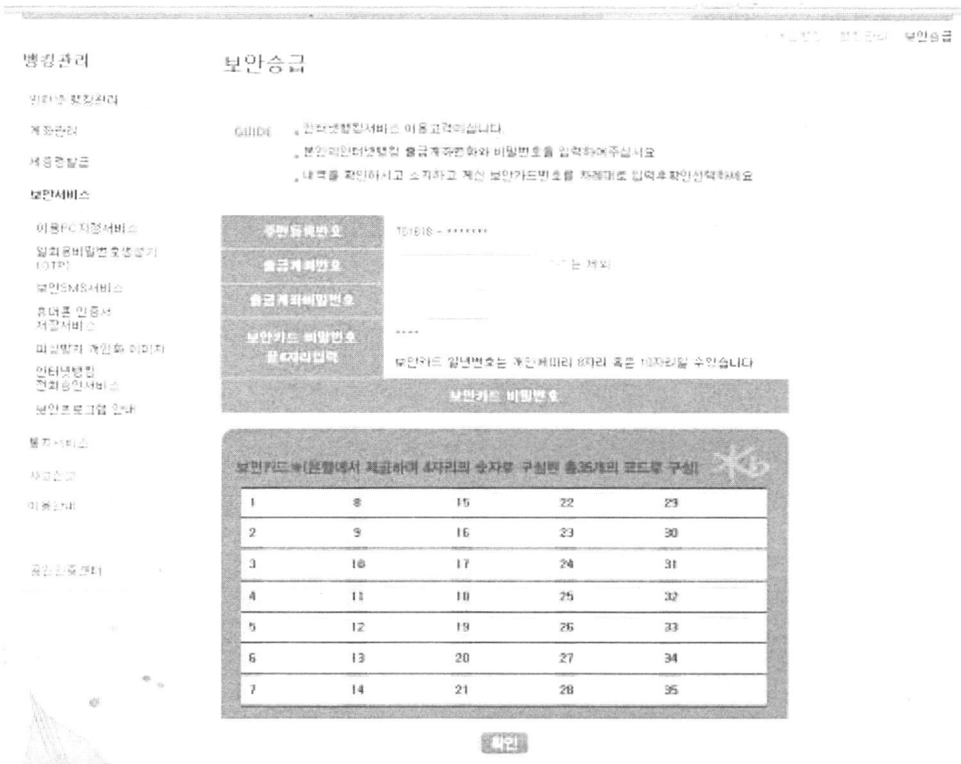

그림 9-3 피싱: 보안카드 비밀번호 입력

(2) 온라인 사기

온라인 쇼핑을 하다가 사기를 당할 수 있다. 구매자와 판매자가 서로 보지 못하는 상황에서 거래가 일어나기 때문이다. 예컨대, 구매자의 구매대금을 가로채는 가짜 에스크로우 사이트도 있다. 피싱은 이메일이나 팝업 메시지를 이용하여 신용카드 정보나 비밀번호 등 민감한 정보를 가져간다. 이메일이나 팝업 메시지가 거래은행이나 기관으로부터 온 것으로 가장하므로 속기 쉽다.

9.3 보안대책

9.3.1 접근통제

접근통제(access control)는 누가 합법적으로 네트워크 자원을 이용할 수 있는지를 의미한다. 네트워크 보안은 접근통제에 달려있다고 할 수 있다. 자원이란 데이터, 웹페이지, 애플리케이션 등을 말한다. 접근통제는 누가 어느 자원을 접근하여 그 자원에 대해 어떤 권한을 가지는지를 정한다. 예컨대, 데이터에 대한 읽기, 쓰기, 삭제하기 등을 어느 사용자가 할 수 있는지 구체적으로 정한다. 시스템에 대한 접근통제를 하려면 로그인하는 사용자가 본인인지 확인해야 한다. 보통 로그인하기 위해서는 ID와 비밀번호(password)를 이용한다. 전통적으로 본인인증(authentication)은 비밀번호에 의해 수행되어 왔다.

9.3.2 비밀키 암호화

암호화(encryption)는 전송할 메시지를 비합법직인 사용자가 복호화하기가 어렵고, 비용이 많이 들고, 시간이 많이 걸리게 만드는 과정이다. 암호화와 관련되는 용어는 아래와 같다.

- 평문(plaintext): 사람이 읽을 수 있는 메시지를 말한다.
- 암호문(ciphertext): 암호화되어 사람이 읽고 이해하기 어려운 메시지이다.
- 암호화 알고리즘(encryption algorithm)은 메시지를 암호화 혹은 복호화 하는데 이용되는 절차와 수학적 함수를 말한다.
- 키(key)는 메시지를 변환하기 위해 알고리즘과 함께 사용되는 비밀값이다.

대칭키 암호화(symmetric key encryption)에서는 평문을 암호화하고 복호화 하는데 같은 키가 이용된다(그림 9-4). 메시지의 송신자와 수신자는 다른 사람에게 알리지 않고 같은 키를 공유해야 한다. 그래서 비밀키 암호화(private key encryption)라고도 한다. DES(Data Encryption Standard)는 비밀키 암호화 알고리즘이다.

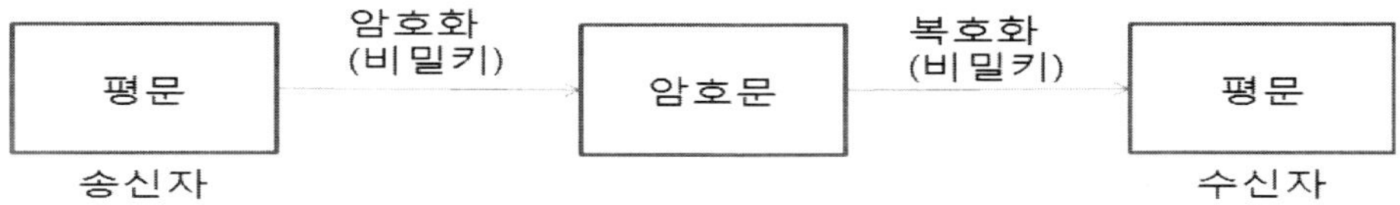

그림 9-4 대칭키 암호화

9.3.3 공개키 인프라

공개키 인프라(public key infrastructure, PKI)는 공개키 암호화, 디지털서명(digital signature), 해쉬 다이제스트(hash digest), 디지털 인증서(digital certificate)를 이용하여 전자지불의 보안을 확보하는 방식이다. 이러한 기술에 대해 하나씩 아래에 설명한다.

(1) 공개키 암호화

공개키 암호화(public key encryption)는 한 쌍의 키를 이용한다. 하나는 공개키(public key)로서 누구에게나 이용가능한 키이며, 다른 하나는 비밀키(private key)로서 오직 소유자만이 아는 키이다. 만약 메시지가 공개키로 암호화되면 관련된 비밀키가 메지시를 복호화하는데 필요하다. 예컨대, 홍길동이라는 개인이 갑상사라는 회사에 구매주문서를 보내고 싶다면 갑상사의 공개키로 암호화하여 보낸다. 갑상사는 자신의 비밀키를 이용하여 복호화하여야 한다. 가장 보편적인 공개키 암호화 알고리즘은 RSA이다.

(2) 디지털 서명과 디지털 인증서

디지털 서명은 개인의 서명과 같은 역할을 한다. 디지털 서명은 메시지 송신자의 신원을 확인하기 위해 공개키에 의존하고 있다. 송신자는 아래와 같은 단계를 거치면서 디지털 서명을 하여 암호화된 메시지를 수신자에게 전송할 수 있다(그림 9-5).

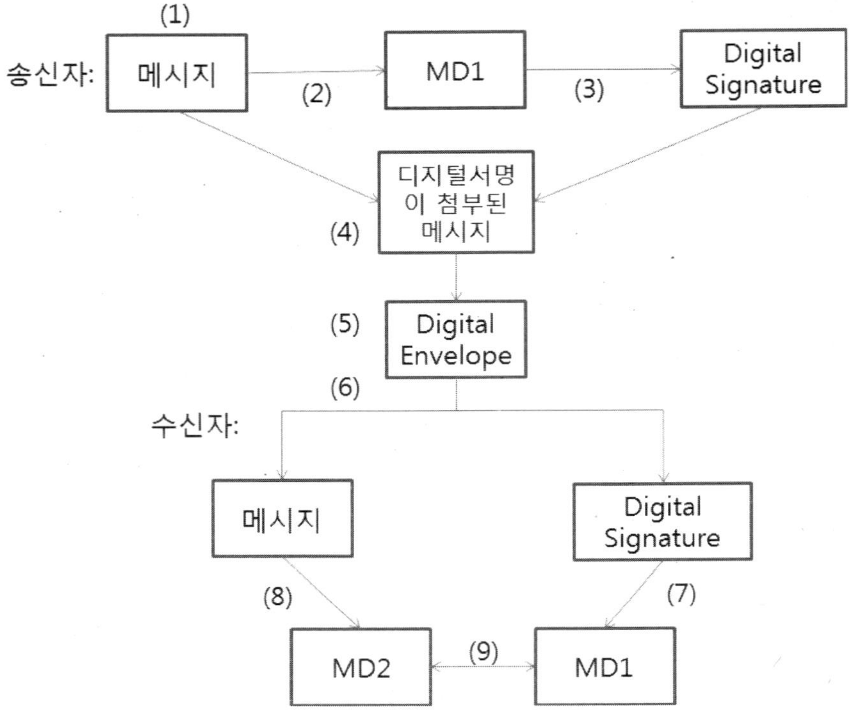

그림 9-5 공개키 암호화와 디지털 서명

(자료원: Turban et al., 2011)

① 송신자가 수신자에게 보낼 메시지를 작성한다.

② 송신자가 작성한 메시지에 해쉬 함수를 적용하면 메시지 다이제스트(message digest, MD)가 생성된다(MD1)

③ 송신자는 메시지 다이제스트에 자신의 비밀키를 이용하여 암호화한다. 이 결과 얻어지는 것이 송신자의 디지털 서명이다. 다른 사람은 이 때 적용된 송신자의 비밀키를 알지 못한다.

④ 송신자는 수신자의 공개키를 이용하여 원래의 메시지와 디지털 서명을 모두

암호화한다. 이 결과 디지털 봉투(digital envelope)가 형성된다.

⑤ 송신자는 디지털 봉투를 수신자에게 전송한다.

⑥ 수신자는 전송받은 디지털 봉투의 내용을 자신의 비밀키를 이용하여 복호화한다. 이 결과 메시지와 송신자의 디지털 서명을 얻는다. 수신자 본인 외에는 비밀키를 가지고 있지 않으므로 메시지의 기밀성이 지켜진다.

⑦ 수신자는 송신자의 공개키를 이용하여 디지털 서명을 복호화한다. 이 결과 메시지 다이제스트를 얻게 된다. 송신자의 공개키로 복호화 된다는 것은 송신자 본인이 직접 메시지를 보냈다는 것을 의미한다.

⑧ 송신자가 적용한 같은 해쉬 함수를 복호화한 메시지에 적용하여 메시지 다이제스트를 생성한다.

⑨ 디지털 서명을 복호화하여 얻은 메시지 다이제스트와 받은 메시지로부터 생성한 메시지 다이제스트를 비교한다. 두 개가 일치하면 수신자는 전송 중에 메시지가 변경되지 않았다는 것을 확인하게 되는 것이다.

공개키 암호화에 있어서 수신자의 공개키로 암호화한다 할지라도 그 공개키가 정말로 수신자의 것인지 확신할 수 없다. 그래서 신뢰할 수 있는 인증기관(certification authority, CA)이 발급하는 디지털 인증서(digital certificate)를 제시하면 상대방의 신원을 확인할 수 있도록 한다. 디지털 인증서는 공인 인증서 혹은 전자 인증서라고도 하며, 거래 상대방의 공개키가 무엇인지 알려준다. 미국에는 인증기관으로서 VeriSign이 있으며 한국에는 한국증권전산, 금융결제원 등이 있다. 공인인증서를 발급받으면 인터넷 뱅킹, 인터넷 쇼핑 등이 가능하다. 공인인증서를 휴대용 저장장소에 보관하고 있다가 공인인증서 비밀번호를 입력하여 인터넷 상점에 제시하면 본인 확인이 되기 때문이다.

SSL(Secure Socket Layer)은 Netscape회사가 고안한 것으로 인증과 암호화 표준

으로 이용되고 있다. SSL은 Microsoft와 Netscape가 제공하는 웹브라우저와 웹서버에 채택되었으며 온라인 신용카드 지불에 이용되는 표준이다.

9.4 전자결제

소비자가 인터넷 쇼핑몰에서 상품을 구매하고 대금을 신용카드 등 다양한 수단으로 지불할 때 전자지불대행업자(Payment Gateway, PG)를 통해 결제가 이루어진다. PG는 인터넷 쇼핑몰과 신용카드사의 중간에서 인터넷 쇼핑몰이 상품판매 대금을 받을 수 있도록 결제대행을 해주고 인터넷 쇼핑몰로부터 일정한 수수료를 받는다. PG는 쇼핑몰을 대신하여 은행, 신용카드회사와 계약을 체결하고 승인, 매입, 정산 등 쇼핑몰과 금융기관 사이에서 서비스를 제공한다. 이러한 PG로서 국내에는 한국사이버결제(kcp.co.kr), 이니시스(inicis.com), U+전자결제(ecredit.uplus.co.kr) 등이 있다.

그림 9-6은 소비자가 인터넷 쇼핑몰에서 상품을 구입하고 신용카드로 결제하는 경우 PG의 역할을 보여주고 있다. 각 단계별 수행되는 절차는 아래와 같다.

① 구매자가 상품을 주문하면서 신용카드번호 등 결제정보를 입력한다.

② 인터넷 쇼핑몰은 신용카드 거래에 대한 승인요청을 PG에 보낸다.

③ PG는 신용카드 거래의 승인요청을 신용카드 회사에 보낸다.

④ 신용카드 회사는 신용카드 거래 승인여부를 PG에 보낸다.

⑤ PG는 거래승인을 인터넷 쇼핑몰에 통보한다.

⑥ 거래가 승인되면 인터넷 쇼핑몰은 상품을 구매자에게 배송한다.

⑦ PG는 신용카드 결제대금 지급을 신용카드 회사에 요청한다(매입요청).

⑧ 신용카드 회사는 결제대금을 PG에 보낸다.

⑨ PG는 수수료를 제외한 금액을 인터넷 쇼핑몰에 보낸다.

⑩ 신용카드 회사는 구매자에게 결제할 금액을 통지한다.

⑪ 구매자는 결제할 금액을 거래은행의 결제계좌에 입금하면 신용카드 회사로 지불된다.

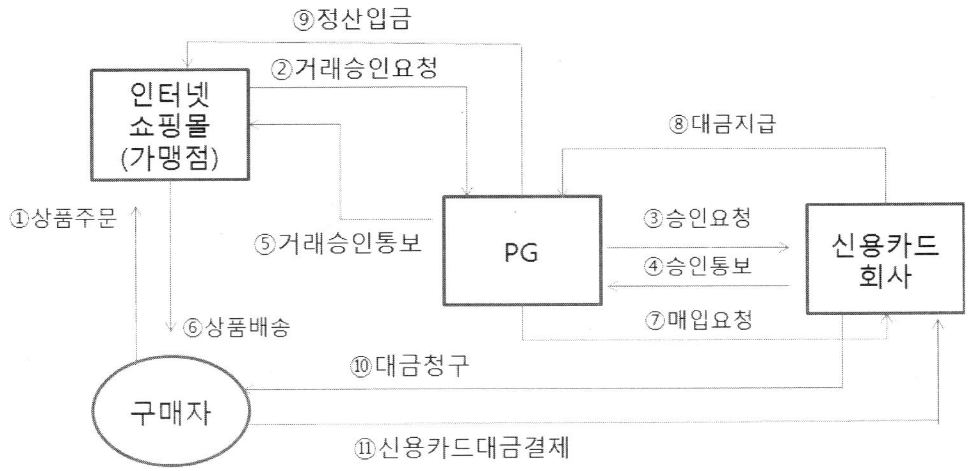

그림 9-6 신용카드 결제대행 서비스

사례 9-1 한국사이버결제

한국사이버결제는 전자결제서비스를 제공하고 있다(그림 9-7). 전자결제서비스는 전자 상점에서 상품과 서비스를 판매하고, 고객이 이에 대한 대금을 신용카드 등으로 결제할 수 있도록 지원하는 전자지불서비스이다. 한국사이버결제는 결제대행서비스(PG), 온라인과 오프라인 카드VAN서비스, 휴대폰 및 스마트폰 결제서비스 등을 제공하고 있다.

그림 9-7 한국사이버결제의 서비스

(자료원: www.kcp.co.kr/payment.service.info.do, 2012. 5. 21)

| 연습문제 |

1. 전자상거래 보안의 요소에 대해 설명하시오.
2. 보안 위협에 대해 설명하시오.
3. 보안 대책에 대해 설명하시오.
4. 공개키 인프라를 설명하시오.

〈주요용어〉

기밀성 / 인증 / 무결성 / 부인방지

악성코드 / 피싱 / 공개키 암호화

디지털 서명 / 디지털 인증서

전자지불대행업자(payment gateway)

제 10 장 전자상거래 전략

본 장에서는 전략프로세스를 소개하고, SWOT 분석, 가치사슬에 대해 설명하였다. 그리고 인터넷과 포터의 경쟁요인과의 관련성을 설명하였다.

10.1 전략의 개념과 프로세스

10.1.1 전략의 개념

전략은 기업이 어떻게 그 사명을 달성할 것인가, 목표는 무엇이어야 하며, 목표를 달성하기 위해 어떤 수단이 필요한가에 대한 접근법이다. 전략은 기본적으로 기업의 미래 방향을 제시한다. 기업에서 전략을 수립하는 이유는 아래와 같다.

- 전략은 기업의 장기적 방향을 제시한다.
- 전략은 조직의 인적, 물적 자원을 배분하기위한 기준이 된다.
- 전략수립은 시장에서 경쟁기업과 차별화하여 기업의 위치를 설정하기 위해 필요하다.
- 지속적 이익을 창출하기 위한 지속적 경쟁우위 확보 방안을 정한다.

전략적 결정은 기업이 우선적으로 해야 하는 것을 선택하는 것이다. 한 가지를 전략적으로 선택하면 다른 것은 포기(trade-off)해야 한다. 모든 것을 잘하는 것은 어렵다. 기업은 어떤 부분에서 경쟁자를 능가하기 위해서 다른 제품, 서비스 혹은 활동은 포기하거나 추구하지 않아야 한다.

10.1.2 전략 프로세스

일반적인 전략수립 프로세스 모델은 전략 분석, 전략 수립, 전략실행, 전략평가의 단계를 거친다.

(1) 전략분석

전략분석(strategic analysis)은 전략적 계획의 초기 단계이다. 이 단계에서 조직은 내부와 외부환경을 조사한다. 주된 활동은 조직의 사명과 목표 설정, 조직의 강점과 약점의 조사, 기업에 영향을 주는 환경적 요소의 평가, 경쟁자 분석을 포함한다. 이것은 인터넷과 기타 기술이 기업에 미치는 잠재적 공헌에 대한 조사를 포함한다. 전략분석에서 구체적으로 아래 사항들을 수행할 필요가 있다.

① 가치명제의 정의: 가치명제(value proposition)란 기업의 제품이나 서비스가 고객에게 제공하는 편익이다. 가치명제를 정하여 목표고객이 누구인지, 경쟁회사 제품과는 어떻게 차별화할 것인지를 명확히 한다.

② 핵심역량(core competency)의 결정: 핵심역량은 기업의 자원과 경험에서 나온다. 이러한 핵심역량을 구축하는데 시간이 걸리고 다른 기업이 모방하는 것이 어렵다. 예컨대, 구글의 핵심 역량은 정보 검색 기술에 있어서의 전문성이다. 삼성전자의 핵심역량은 IT 하드웨어 기술에 있다. 기업은 새로운 제품이나 서비스를 개발하는데 핵심역량을 이용하고 있다. 고객에게 제공할 편익을 준비하기 위해 어떤 역량을 회사가 갖추어야 하는지 정할 필요가 있다.

③ 환경분석: 정치, 경제, 기술, 문화가 어떻게 변화하는지 그 추세를 찾아내고, 이러한 추세가 기업의 비즈니스에 어떠한 영향을 주는지 평가한다. 기업이 소속

한 산업 내에 무슨 경쟁기업들이 있는지 파악하고 그들의 전략과 행동에 관한 정보가 필요하다. 기업의 환경에 대한 조사와 내부 상황에 대한 이해를 바탕으로 SWOT 분석과 같은 기법을 활용한다.

(2) 전략수립

전략수립(strategy formulation)은 기업의 강점과 약점을 고려하여 기업환경에서의 기회를 이용하고 위협을 관리하기 위해 전략을 개발하는 것이다. 전자상거래 전략에서 그 결과는 전자상거래 애플리케이션 혹은 프로젝트가 된다. 전자상거래 프로젝트가 어떤 비용과 편익이 있는지 평가한다. 예컨대, 판매중심 이마켓플레이스를 구축할 경우 어떤 위험이 내포되어 있는지 경영목표 달성에는 어떤 연관이 있는지 평가한다.

(3) 전략 실행

이 단계에서는 무엇을 할 것인가 보다는 어떻게 할 것인가로 강조점이 옮겨간다. 전략실행 단계에서는 전략수립단계에서 설정한 프로젝트를 수행하기 위한 자세한 단기 계획이 개발된다. 이 단계에서 프로젝트 일정계획 수립, 인력과 자금과 같은 자원이 프로젝트에 할당된다.

(4) 전략 평가

실행이 완료되고 나면 평가단계가 시작된다. 전자상거래 프로젝트의 실행이 전략적 목표를 얼마나 달성하는지 평가한다. 만약 목표달성이 만족스럽지 못하다면 전략의 재수립이 필요해진다.

10.2 SWOT 분석과 전자상거래

기업의 경쟁전략을 수립할 때 SWOT 분석을 이용한다. SWOT란 강점(strengths),

약점(weaknesses), 기회(opportunities), 위협(threats)을 의미한다. 기업 내부를 관찰하면 조직의 강점과 약점을 파악할 수 있고 기업의 외부환경을 분석하면 환경이 기업에게 제공하는 기회를 식별할 수 있고 어떤 위협이 있는지 알 수 있다. 기업은 강점을 살리고 약점을 보완하고 위협을 피하고 기회를 살리는 전략을 수립해야 한다. 아래에는 SWOT 분석에서 강점, 약점, 기회, 위협을 분석하기 위한 질문을 일부 나열하였다.

(1) 강점
· 회사가 잘 할 수 있는 것은 무엇인가?
· 회사는 분명한 경영목표와 목표를 지원할 수 있는 문화를 가지고 있는가?
· 경쟁회사에 비하여 장점은 무엇인가?

(2) 약점
· 회사는 무엇을 잘 못하는가?
· 심각한 재무적 문제를 가지고 있는가?

(3) 기회
· 산업이 성장하고 있는가?
· 회사 상품을 판매할 수 있는 신 시장이 있는가?
· 회사가 이용할 수 있는 신기술이 있는가?

(4) 위협
· 경쟁회사가 잘하는 것은 무엇인가?
· 회사가 직면하고 있는 장애물은 무엇인가?
· 기업 환경(e.g., 법률, 규제, 기술) 변화로 인해 생길 수 있는 문제는 무엇인가?

기업은 강점을 살릴 수 있는 기회를 이용하고, 위협을 피하고, 약점을 보완할 수 있는 경영전략을 수립하여야 한다. 예를 들면, 델(Dell) 회사는 1990년대에 컴퓨터 산업에서 강한 경쟁력을 갖출 수 있는 경영전략을 수립하였다. 소비자에게 컴퓨터를 직접 판매하고 제조비용을 절감할 수 있는 컴퓨터 설계는 강점이었다. 그러나 각 지역에 컴퓨터 딜러와의 관계가 수립되어 있지 않았다는 것은 약점이었다. 고품질의 제품으로 높은 브랜드와 명성을 가진 IBM이나 Compaq와 같은 경쟁회사로부터 위협에 직면하였다. 고객들은 컴퓨터에 대해 알게 되었고 주문할 때에는 그들이 무엇을 원하는지 정확하게 판매회사 측에 명시할 수 있게 되었다. 그리고 인터넷이 잠재적 마케팅 도구가 될 수 있다는 것을 알았다. 델 회사의 SWOT 분석은 아래와 같다.

강점:
- 소비자에게 직접 컴퓨터를 판매한다.
- 경쟁자 보다 낮은 가격에 판매한다.

약점:
- 컴퓨터 소매업자들과 긴밀한 관계가 없다.

기회:
- 소비자들은 원스탑(one-stop) 쇼핑을 원한다.
- 소비자들은 자신이 어떤 사양의 제품을 구매하고자 하는지 알고 있다.
- 인터넷이 강력한 마케팅 도구가 될 수 있다.

위협:
- 경쟁자들은 강한 브랜드 명성을 가지고 있다.
- 경쟁자들은 컴퓨터 소매업자들과 강한 관계를 가지고 있다.

위의 분석 결과 델은 주문 방식으로 맞춤형 컴퓨터를 인터넷으로 고객들에게 판매하는 전략을 택하였다. 컴퓨터 소매업자와 같은 유통업자와의 유대가 없으므로 직접 소비자에게 판매하기로 하였다. 고객이 원하는 사양으로 맞추어서 판매하므로 경쟁기업의 고품질 명성에 맞설 수 있었다. SWOT 분석 결과 델 회사는 웹상에서 직접 판매하는 전자상거래 전략을 택한 것이다.

10.3 전자상거래와 가치사슬

10.3.1 전자상거래와 산업 가치사슬

산업가치사슬분석은 전자상거래가 어떻게 산업수준에서 비즈니스 운영을 변화시킬 수 있는지 분석하는데 도움이 된다. 가치사슬은 정보기술이 산업과 기업 운영에 주는 영향을 이해하기 위해 이용할 수 있는 하나의 도구가 될 수 있다. 가치사슬(value chain)은 하나의 기업 혹은 산업에서 원재료를 최종 제품이나 서비스로 변환하는 일련의 활동을 가리킨다. 각 활동은 최종 제품에 경제적 가치를 부가한다. 그림 10-1은 산업가치사슬에 공급자, 제조업자, 유통업자, 소매업자, 그리고 고객이 연결되어 있음을 알 수 있다. 산업가치사슬에 참여하는 회사들은 각자의 역할을 통해 고객에게 필요한 가치를 부가하고 있다.

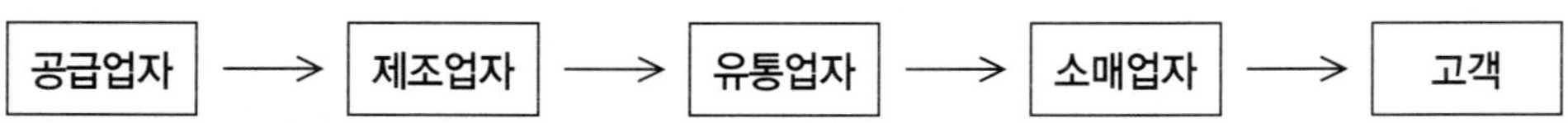

그림 10-1 산업 가치사슬

산업 가치사슬의 예를 들면 아래와 같다.

① 공급자3: 벌목꾼이 산에서 나무를 자르다.

② 공급자2: 제재소에서 통나무를 목재로 만든다.

③ 공급자1: 목재 유통업자가 목재를 책상 제조업자에게 공급한다.

④ 제조업자: 책상을 만드는 공장에서 책상을 조립한다.

⑤ 소매업자: 가구 소매상은 책상을 판매한다.

⑥ 고객: 소비자가 책상을 구입하여 이용한다.

산업가치사슬에 포함된 기업들은 인터넷을 이용하여 정보비용을 줄일 수 있다. 정보비용이란 정보를 얻고 저장하고 처리하는데 소요되는 비용이다. 인터넷을 이용하면 필요한 정보를 용이하게 얻음으로써 기업은 비용을 절감하거나 가격을 올려서 최대한 이익을 추구할 수 있다(Laudon & Traver, 2008).

전자상거래는 산업가치사슬에 포함되는 기업들 사이에 그리고 기업과 고객 간에 이루어진다. 제조업자는 기업간 전자상거래를 할 수 있는 B2B 엑스체인지를 통해 공급자들로부터 부품이나 원재료를 가능한 저가로 구매할 수도 있다. 제조업자는 또한 유통업자나 소매업자를 거치지 않고 직접 최종 소비자들에게 가능한 저가에 제품을 판매하여 경쟁력을 높일 수 있다. 유통업자나 소매업자가 누리는 마진을 제거하면 그만큼 판매가격을 낮출 수 있는 여지가 생기기 때문이다. 그러나 제조업자가 중간상인 없이 직접 소비자에게 판매하는 것에만 의존하기는 어려울 수 있다. 유통업자는 재고관리시스템을 활용하여 가능한 재고비용을 낮추면서 비즈니스를 운영할 수 있다. 소매업자로부터 각 제품의 판매에 대한 정보를 인터넷을 통해 실시간으로 얻어서 가능한 적은 재고를 유지하면서 필요한 제품을 적시에 제조업자로부터 조달 받을 수 있기 때문이다. 소매업자 역시 실제 판매에 따라 효율적으로 재고를 보충하여 고객 수요에 대응할 수 있다. 고객은 웹을 통해 저가의 고품질 제품을 검색하여 구매할 수 있다.

10.3.2 전자상거래와 기업 가치사슬

기업 가치사슬은 원재료로부터 최종 제품을 만들기 위해 기업이 수행하는 일련의 활동이다. 각 활동은 최종 제품을 산출하는데 필요한 가치를 부가한다. 기업 가치사슬을 구성하는 활동은 주된 활동과 지원 활동으로 구분된다. 주된 활동은 유입물류, 운영, 유출물류, 판매와 마케팅, 판매후서비스로 구성된다. 주된 활동의 각 단계는 전 단계의 산출에 대해 가치를 부가하는 활동을 한다. 지원활동은 관리(e.g., 재무, 회계), 인적자원, 기술(e.g., 정보기술, R&D), 조달로 구성된다(그림 10-2).

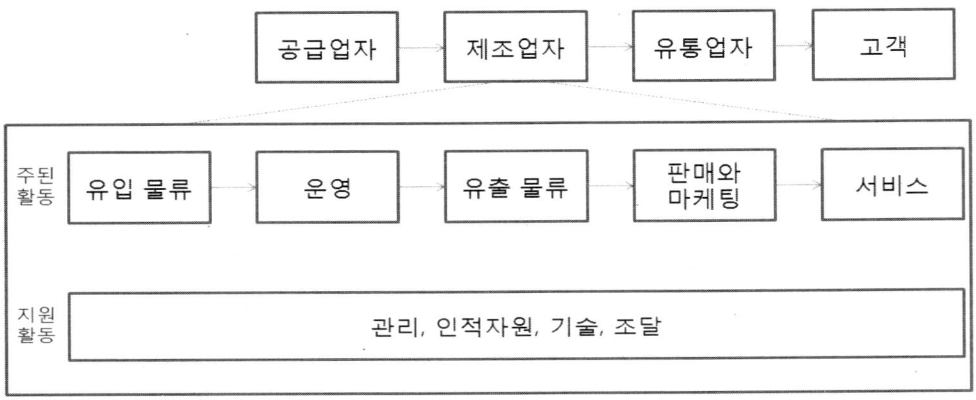

그림 10-5 기업 가치사슬

기업 가치사슬을 분석하면 어느 활동에 정보기술을 활용하면 효율성을 향상시킬 수 있는지 혹은 성과를 높일 수 있는지 이해하는데 도움이 된다. 또한 기업 가치사슬에 포함된 활동에 대해 전자상거래가 어떤 영향을 주는지 분석할 수 있다. 전자상거래는 전자적 조달, 전자적 문서교환, 기업 내외적인 정보의 공유, 소비자에 대한 직접 판매, 웹을 통한 고객 서비스 등의 방식으로 기업 활동을 지원해준다. 전자상거래는 기업의 가치 사슬에 포함된 활동의 효율성 향상, 활동 간의 조정과 커뮤니케이션의 향상을 가져올 수 있다.

10.4 인터넷과 산업구조

10.4.1 포터의 경쟁요인

산업구조(industry structure)는 평균적 경쟁자의 수익성을 결정한다. 산업이 신생이든 기존산업이든 산업의 구조적 매력은 다섯 개의 경쟁 요인들에 의해 결정된다. 다섯 가지 요인이란 구매자의 협상력, 공급자의 협상력, 대체재의 위협, 새로운 경쟁자에 대한 진입장벽, 기존 경쟁자들간의 경쟁강도이다. 이들 다섯 가지 요인들이 특정 산업의 기본적인 매력도를 결정한다(Porter, 2001).

10.4.2 인터넷의 경쟁요인에 대한 영향

경영전략의 수립 과정에는 인터넷을 고려해야 한다. 인터넷이 산업에 있어서 기업 경쟁력의 다섯 가지 결정요인에 영향을 주기 때문이다. 인터넷 등장으로 중간상인의 협상력은 약화되었다고 볼 수 있다. 왜냐하면 제조업자가 직접 최종 소비자에게 판매할 수 있기 때문이다. 그러나 인터넷의 등장으로 산업의 매력도는 대체로 약화되었다. 구매자는 판매자와 상품에 대한 정보를 보다 쉽게 접근할 수 있게 되었으므로 구매자의 협상력이 증대되었다. 시장의 지리적 한계가 없어지므로 인터넷 기업들은 서로 다른 지역으로 영업 범위를 확장시킬 수 있으므로 경쟁이 더 심화되었다. 인터넷으로 인하여 거래 당사자를 찾고 거래하는 것이 더 용이해졌지만 가격경쟁이 심화되었고 이익을 더 높이는 것은 쉽지 않다. 허지만 모든 산업에서 인터넷 기술의 응용으로 산업의 매력도가 더 나빠진 것은 아니다. 인터넷 경매 시장에서는 구매자와 판매자가 분리되어 있고 인터넷 경매업자에 대한 협상력이 적다. 판매자는 상품을 등록하고 판매할 때 정해진 수수료를 eBay와 같은 인터넷 경매업자에게 지불해야 한다. 인프라와 경매 참가자의 수라는 측면에서 규모의 경제를 갖춘 소수의 인터넷 경매업자에게 있어서 시장 매력도는 나쁘지 않다. Porter(2001)가 제시한 인터넷의 산업구조에 대한 영향을 요약하면 아래와 같다.

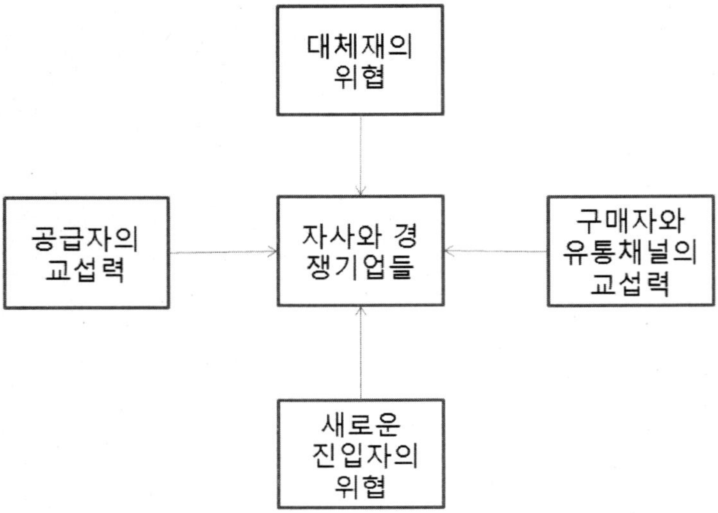

그림 10-6 포터의 경쟁요인

(자료원: Porter, 2001)

(1) 구매자의 협상력

- 중간상인을 제거하거나 전통적 채널에 대한 교섭력을 향상시킨다. (+)
- 최종소비자의 협상력이 증가한다. (-)
- 전환비용이 감소한다. (-)

(2) 공급자의 협상력:

- 인터넷을 통해 원재료나 부품의 공급자들은 보다 많은 구매기업을 찾을 수 있고, 구매기업도 공급자의 검색과 비교가 쉽다. (+/-)
- 경쟁기업이 증가하면 공급자의 협상력이 증가한다. (-)

(3) 대체재의 위협:

- 인터넷으로 인하여 시장의 규모를 확장시킬 수 있다. (+)
- 인터넷 확산으로 새로운 대체재의 위협이 있다. (-)

(4) 진입장벽:

- 인터넷 상점을 개설하기 위해 물리적 매장과 판매원도 많이 필요하지 않고 전자 상점 방문도 용이하므로 진입장벽이 낮다. (-)
- 신규 진입자가 여러 산업에서 증가한다. (-)

(5) 기존 경쟁자들간의 경쟁강도:

- 인터넷상에서는 경쟁자들간에 차별화가 어렵다. (-)
- 가격경쟁으로 이전된다. (-)
- 시장의 지리적 범위를 확장시키고 경쟁자의 수가 증가한다. (-)
- 상품을 하나 추가적으로 판매하는데 있어서 변동비가 적어진다. 인터넷을 통해 자동적으로 주문이 처리되기 때문이다. 이로 인하여 가격할인의 압력이 높아진다. (-)

| 연습문제 |

1. 전략프로세스를 설명하시오.
2. SWOT 분석을 설명하시오.
3. 인터넷과 포터의 경쟁요인과의 관련성을 설명하시오.
4. 전자상거래와 가치사슬의 관련성에 대해 설명하시오.

〈참고문헌〉

이민화, *정보기술관리*, 부산외국어대학교 출판부, 2004.

이석호, "온라인 자동차보험시장 현황 및 시사점," *주간 금융브리프*, 16권 29호, 2007.7.7. ~ 7.13., pp. 12~13.

이재규, 이경전, 김우주, *전자상거래원론*, 4th ed., 법영사, 2006.

정진욱, 안성진, 김현철, 구자환, *정보통신 배움터*, 생능출판사, 2006.

홍일유, 이지은, *경영자 관점의 전자상거래*, 법영사, 2008.

Davis, W.S. and J. Benamati, *E-Commerce Basics: Technology Foundations and E-business Applications,* Boston: Pearson, 2003.

Grover, V., and J. Teng, "E-Commerce and the Information Market," *Communications of the ACM*, 44(4), 2001.

Hanson, W.A. and K. Kalyanam, *Internet Marketing & e-Commerce*, Mason, OH: Thomson, 2007.

Kotler, P. and G. Armstrong, *Principles of Marketing*, 13th ed., Upper Saddle River, NJ: Prentice Hall, 2009.

Krishnamurthy, S., *E-commerce management: text and cases*, Thomson, 2003.

Laudon, K.C. and C.G. Traver, *E-Commerce 2010: Business, Technology, Society*, 6th ed., Upper Saddle River, NJ: Pearson, 2010.

Laudon, K.C. and C.G. Traver, *E-Commerce 2008: Business, Technology, Society*, 5th ed., Upper Saddle River, NJ: Pearson, 2008.

Peppers, D., M. Rogers, and B. Dorf, "Is Your Company Ready For One-to-One Marketing?" *Harvard Business Review*, Jan/Feb 1999, 17(1), pp. 151-160.

Porter, M.E., "Strategy and the Internet," *Harvard Business Review*, March 2001, pp. 63~78.

Rappa, M., "Business Models on the Web," digitalenterprise.org/ models /models.html, 2008-09-01.

Rayport, J. and B.J. Jaworski, *Introduction to E-Commerce*, New York, NJ: McGraw-Hill, 2002.

Salam, A.F., L. Iyer, P. Palvia, and R. Singh, "Trust in e-Commerce," *Communications of the ACM*, February 2005, 48(2), pp. 73-77.

Schneider, G., *Electronic Commerce*, 7th ed., Canada: Thomson, 2007.

Turban, E., D. King, J. Lee, and D. Viehland, *Electronic Commerce 2004: A Managerial Perspective*, Upper Saddle River, NJ: Pearson, 2004.

Turban, E., D. King, and J. Lang, *Introduction to Electronic Commerce*, 3rd ed., Upper Saddle River, NJ: Pearson, 2011.

Turban, E., D. King, and J. Lang, *Introduction to Electronic Commerce*, 2nd ed., Upper Saddle River, NJ: Pearson, 2009.

Turban, E. and D. King, *Introduction to Electronic Commerce*, Upper Saddle River, NJ: Prentice Hall, 2003.

Turban, E. and L. Volonino, *Information Technology for Management: Transforming Organizations in the Digital Economy*, 7th ed., Hoboken, NJ: John Wiley & Sons, 2010.